U0114695

古人的生活世界

王宏超 著

策劃編輯　　梁偉基

責任編輯　　江其信

書籍設計　　道　轍

書　　名　古人的生活世界

著　　者　王宏超

出　　版　三聯書店（香港）有限公司

　　　　　香港北角英皇道 499 號北角工業大廈 20 樓

　　　　　Joint Publishing (H.K.) Co., Ltd.

　　　　　20/F., North Point Industrial Building,

　　　　　499 King's Road, North Point, Hong Kong

香港發行　香港聯合書刊物流有限公司

　　　　　香港新界荃灣德士古道 220-248 號 16 樓

印　　刷　美雅印刷製本有限公司

　　　　　香港九龍觀塘榮業街 6 號 4 樓 A 室

版　　次　2021 年 5 月香港第一版第一次印刷

規　　格　大 32 開（140 × 210 mm）440 面

國際書號　ISBN 978-962-04-4793-8

本書中文繁體字版由中華書局（北京）授權出版

繁體中文版序

　　本書最早的文字是一篇關於午睡的小文，當時我兒子還在上幼稚園，他極不喜歡午睡，每天上學路上都會為此事而苦惱。這讓苦於沒有時間午睡的我大惑不解，在和他的交流中，我逐漸意識到，兒童和成人有着不同的時間觀念。兒童生活在"當下"，此刻不困就不願睡覺；成人卻能生活於"未來"，會為未來的目標而改變現在，會為了下午精神好而預先午睡。這種對於時間的不同理解，也影響了各自對待午睡的態度。若從此一小事看開去，古今中外人們看待午睡的方式也是各有不同的，其中包含着時間意識、價值觀念、審美文化等多重內涵。我當時就以"午睡的生活美學"為題寫了一篇文章。這種以小見大的話題，激發起我研究的興致，後來沿此思路陸續寫了一些小文，希望通過一些日常生活的細節，來重返古人的生活世界。

　　本書出版後，得到了一些師友和讀者的認同和鼓勵，但也有讀者認為本書所包含的方面太少，難以涵蓋"古人的生活世界"這個宏大的領域。面面俱到非我能力所及,亦非我寫作的初衷,我只是希望以點帶面來管窺古人生活之一斑。在本書出版後,我基於書中的一些話題,又做了進一步的研究,如關於午睡、肚子、季節、美食等,但因體例的原因,這些新的研究未能納入這個新的版本,希望未來能以其他形式呈現出來。

這本小書能得到香港三聯書店的青睞,從而面對更多的讀者,對我來說是意外的幸運。感謝香港三聯書店和中華書局為此的付出。

王宏超

2021 年 3 月 30 日於滬上

前　言

　　我們印象中的歷史，總是充滿了轟轟烈烈的事件、標誌性的日期、載入史冊的名人英雄，然而當我們稍微深入到歷史的脈絡之中，就會發現每個事件和人物背後，都潛藏着更為複雜的世界，就像水面下那座巨大的冰山。古代的歷史著述，似乎都是一家一姓之歷史，成了“皇帝家譜”（柳詒徵語）；而後來的歷史寫作，也多偏向於政治史、制度史、社會史及哲學史等宏大主題。美國人類學家羅伯特‧芮德菲爾德（Robert Redfield）在《農民社會與文化》一書中，提出了著名的大傳統（great tradition）和小傳統（little tradition）理論。他認為大傳統是精英階層、知識分子所代表的經典文化，小傳統是底層社會中農民所代表的民間文化。近些年的歷史和文化研究，在這些宏大歷史之外，逐漸對民眾的生活世界投入了更多的關注。

　　西方的新文化史、社會生活史、心態史、情感史、微觀史、物質史等一系列令人眼花繚亂的研究興起之後，不但挖掘了許多被歷史湮沒的史料及人物，更向我們呈現出一個異常豐富多姿的生活世界。古人的日常生活世界，儘管關涉的多是一些瑣屑平凡之事，但卻是和歷史的變遷、時代的脈動以及精英的思想密切關聯的。而且，精英的世界和底層的世界也不是截然二分的，二者存在交織的相互影響關係。正如葛兆光指出，在二者之間，還存在着一個“一般知識、思想與信仰的世界”，這是“一種近乎平均值的知識、思想與信仰，作為底色或基石而存在，這種一般的知識、思想與信仰真正地在人們判斷、解釋、處理面前世界中起着作用”（《中國思想史》第一卷）。

所以，對日常生活的關注，並非是對宏大主題的排斥和迴避，而是觀察歷史視角的轉換，在政治、經濟、軍事、制度等之外，我們還能看到古人的衣食住行、喜怒哀樂，他們的經驗、情感、交往、休閒等。這些是歷史的底色和背景音。就像對於我們每個普通人來說，也許一百年以後，絕大多數都將會被歷史所“遺忘”，我們因為“平凡”而難以被“載入史冊”。但是我們當下的日常生活，對於生活在其中的人來說，卻是重要且有意義的，對於理解當下的歷史來說，也是至關重要的。

日常生活所涉及的方面很多，很難做到面面俱到的介紹。本書嘗試分出一些類目，如飲食（五穀、肉食與蔬果）、逸興（品茗、飲酒與抽煙）、姿態（形體、感覺與時尚）、娛樂（運動、遊戲與休閒）、遊逸（交通、旅行與遊樂）、身份（文人、女性與兒童）、時間（假日、歲時與節慶）、空間（自然、鄉村與城市），以及現代（西潮、都市與摩登）等，在每一類目之下選取一些側面來介紹。分類既難完整，主題又難周全，但希望通過這些細節，略窺古人生活之一斑。

需要略作說明的是，本書所寫的中國古人日常生活的一些細節，多側重於休閒生活的部分，並力圖從中體味古人閒雅的生活趣味。中國古人，尤其是深受儒家文化影響的讀書人和農民，以勤勉奮進為美德，休閒活動或為繁忙勞作生活之調節，但卻不以休閒享受為追求。儒家就連白天睡覺的行為都要加以批評，遑論奢侈的享樂生活。只有在功成名就、告老還鄉，或五穀豐登、農閒時節，他們才會安心享受一段閒雅的生活時光。"世之仕宦歸林下者，多築園亭，購花鳥，招賓客，買歌舞，吹竹彈絲，為娛老消閒之具。"（清·徐時作《萊堂節錄》自序）但儒家思想中自有閒適之精神，孔子的學生曾皙說："莫春者，春服既成，冠者五六人，童子六七人，浴乎沂，風乎舞雩，詠而歸。"（《論語·先進》）孔子喟然認同。郭象說："聖人雖在廟堂之上，然其心無異於山林之中。"（《莊子註》）出世和入世，山林與廟堂，正是古代文人精神的兩個面向。

　　相比儒家，道家追求的正是閒雅自然的生活方式，"高人隱士，往往寄興棋枰，消閒玩世"（明·馮夢龍《醒世恆言》第九卷）。道家的哲學更直接和深入地影響了中國人的閒雅生活。林語堂在《生活的藝術》中說："中國人之愛悠閒，有着很多交織着的原因。中國人的性情，是經過了文學的熏陶和哲學的認可的。這種愛悠閒的性情是由於酷愛人生而產生，並受了歷代浪漫文學潛流的激蕩，最後又由一種人生哲學——大體上可稱它為道家哲學——承認它為合理近情的態度。中國人能囫圇地接受這種道家的人生觀，可見他們的血液中原有着道家哲學的種子。"道家將人生藝術化，以超越的方式返觀俗世，在精神上自有閒雅超拔之境界。

　　在現代社會快節奏的生活中，閒暇成了一種奢侈的追求。現代人的休閒生活，受到高壓力、快節奏生活方式的影響，在"忙"碌之中擠出時間去休"閒"，成了現代人的生存悖論。"閒"在現代社會中不斷地被符號化和消費主義化，這種異質化的"閒"，其實也是"忙"的變體。忙與閒並非決然對立的範疇，它們只有節奏快慢的不同，忙碌的快節奏之下，並非沒有閒暇的生活，而慢節奏的所謂"閒"的狀態，也並非一定會帶給人閒適之感。

同樣，有人也會把閒的喪失歸結為可自由支配時間的減少。閒的狀態與餘暇的時間有關，但卻並非決然相關。自由支配的時間，會給休閒生活提供時間基礎，但擁有空餘時間卻並不會必然給人帶來輕鬆自由的感覺。中國古代的生活哲學中，"閒"有時代表着貶義，如"遊手好閒"是常用來批評紈絝子弟的詞語。清代社會安定之後，旗人在之前征戰中形成的進取精神逐漸懈怠，有人批評說："滿人之富貴者，養尊處優，娛悅耳目，以消歲月，恆宴如也。下等者月支錢糧，妻孥坐食。不務農，不從商，遊手好閒，比比皆是。"（陳恆慶《諫書稀庵筆記》）

　　所以，"閒雅"之"閒"，更多的是一種生活和精神的境界，而並非只是時間上的充裕。我更願意用"閒雅"來指代一種雅致的生活理想和閒適的生活態度，以及其背後包含的文化內涵和精神境界。

目　錄

繁體中文版序 / i

前　言 / iii

第一章　飲食：五穀、肉食與蔬果 / 001

- 一　青菘綠韭古嘉蔬：中國人的飲食追求 / 003
- 二　烹羊宰牛且為樂：主副食、餐館及其他 / 010
- 三　青蒿黃韭試春盤：歲時飲饌 / 019
- 四　桑下春蔬綠滿畦：古代的蔬菜 / 026
- 五　一騎紅塵妃子笑：古代的水果 / 034
- 六　二月中旬已進瓜：黃瓜及反季果蔬 / 041
- 七　何家籠餅須十字：市肆中的食品 / 052

第二章　逸興：品茗、飲酒與抽煙 / 061

- 一　與君剪燭夜烹茶：古人茶生活 / 063
- 二　惟有飲者留其名：古人酒生活 / 073
- 三　水村山郭酒旗風：古代的酒肆 / 083
- 四　卻餐一炷淡巴菰：抽煙 / 090

第三章　姿態：形體、感覺與時尚 / 099

一　短長肥瘦各有態：古代的身體美學 / 101

二　楚腰纖細掌中輕：肚子的審美 / 111

三　似倩麻姑癢處搔：虱子、搔癢及其雅致化 / 119

四　溫泉水滑洗凝脂：古人的沐浴 / 126

五　靉靆斜窺紅粉妝：古代的眼鏡 / 134

第四章　娛樂：運動、遊戲與休閒 / 145

一　翻身向天仰射雲：射箭與投壺 / 147

二　名園蹴鞠稱春遊：球類運動 / 154

三　力拔山兮氣蓋世：角力類運動 / 163

四　夢中猶記水鞦韆：水上與冰上運動 / 168

五　棋罷不知人世換：棋類遊戲 / 176

六　六博爭雄好彩來：賭博類遊戲 / 183

七　樂意相關禽對語：古人生活中的寵物 / 191

第五章　遊逸：交通、旅行與遊樂 / 201

一　春風得意馬蹄疾：古代的交通方式 / 203

二　一生好入名山遊：古人的旅遊 / 214

三　畫舫尋春載酒行：遊船與逸樂 / 222

四　旅館寒燈獨不眠：古代的賓館 / 231

第六章　**身份：文人、女性與兒童** / 239

　　一　幸有良朋同雅集：文人的休閒與交遊 / 241

　　二　長安水邊多麗人：古代女性的出遊 / 248

　　三　挑燈閒看《牡丹亭》：女性的娛樂與文化生活 / 255

　　四　忙趁東風放紙鳶：古代兒童的玩具 / 265

第七章　**時間：假日、歲時與節慶** / 279

　　一　九日馳驅一日閒：古代的放休假制度 / 281

　　二　四時佳興與人同：四季與古人的生活 / 287

　　三　不知人間有塵暑：古人的消夏 / 298

　　四　一派笙歌夜未央：夜間的歡愉 / 311

　　五　煉藥燃燈清晝同：花燈與煙火 / 319

　　六　花竹幽窗午夢長：睡眠及午睡 / 327

第八章　**空間：自然、鄉村與城市** / 339

　　一　山水之中足可娛：山水與自然 / 341

　　二　莫將城市比山林：城市與鄉村 / 349

　　三　竹籬茅屋真吾家：居住空間與生活理想 / 359

　　四　簫管迎龍水廟前：廟會與集市 / 367

　　五　北陌東阡看戲場：看戲與戲台 / 376

附　錄　現代：西潮、都市與摩登 / 385

　　一　申江自是繁華地：現代都市與日常生活 / 387

　　二　竿燈千盞路西東：城市中的照明 / 397

　　三　歌樓舞館銷魂地：舞廳與城市娛樂 / 403

　　四　海上風行請大餐：西餐廳與咖啡館 / 408

　　五　鬼工拍照妙入神：電影、照相及視覺娛樂 / 414

後　記 / 421

第一章

飲食：五穀、肉食與蔬果

飲食雖是一種生理需求，但一旦滿足這一基本的需求，中國人就會在飲食上尋求更高的享受。中國食物強調色、香、味俱佳，這些是視覺、嗅覺、味覺等感官層面的享受。更深一層則會注重食物在文化、情感、審美等方面的意蘊。中國人善吃，但從不會停留於滿足低級需求的層次，食物本身與享受食物的過程，都是中國人生活美學的重要體現。文人墨客更是通過飲食，來追求一種雅致的精神境界。

青菘綠韭古嘉蔬：
中國人的飲食追求

味覺上的追求

　　中國人在食物的味覺上，追求平淡自然的本味，這符合中國人的自然哲學。《老子》說："為無為，事無事，味無味。"任何的人為雕琢都會使事物失真，過多的調味料會遮蔽食物原本的天然之味，自然原味才是至味。"如五穀，如菽麥，如瓜果，味皆淡……今人務為濃厚者，殆失其味之正邪？古人稱'鮮能知味'，不知其味之淡耳。"（明‧陳繼儒《養生膚語》）所以很多人反對用過於濃重的調料來製作食物，吃到口中的只有調料的味道，而食物的味道則湮沒不見了，就像有人批評的那樣："都下庖制食物，凡鵝鴨雞豕類，用料物炮炙，氣味辛釅，已失本然之味。夫五味主淡，淡則味真。"（明‧陸樹聲《清暑筆談》）當然，中國的食物中也有豐富多元的味道，如甜、鹹、酸、辣、苦等，似乎這些味道更接近於世俗大眾的味覺標準，而清淡自然的本味則更有文化的內涵。

視覺上的追求

中國食物的"色、香、味"中，色為首，說明中國人對食物外觀的偏好。悅目是第一印象，美豔可人的外觀會提升食客對食物的興趣，也多少會掩蓋其他方面可能的不足。對食物外觀的追求，也各有側重。有時強調的是保持食材本身的顏色："新津韭黃天下無，色如鵝黃三尺餘。"（宋·陸游《蔬食戲書》）"青菘綠韭古嘉蔬，蓴絲菰白名三吳。"（宋·陸游《菜羹》）

有時強調的是在烹飪過程中對火候恰到好處的把握。清人袁枚著名的《隨園食單》中提到"紅煨肉"的做法："或用甜醬，或用秋油，或竟不用秋油、甜醬。每肉一斤，用鹽三錢，純酒煨之。亦有用水者，但須熬乾水氣。三種治法皆紅如琥珀，不可加糖炒色。早起鍋則黃，當可則紅，過遲紅色變紫，而精肉轉硬。"火候的把握妙在一瞬之間，而這個時刻並非靠機械的時間來確定，而是依靠烹飪者的經驗和感覺，恰如藝術家的直覺一般，做菜的過程也隨之藝術化了。

有時追求的是食物之間色彩的搭配，使之錯落有致，和諧統一。陸游的詩歌，尤其注意描寫食物的色彩："黃甲如盤大，紅丁似蜜甜。""素月度銀漢，紅螺斟玉醪。染丹梨半頰，斫雪蟹雙螯。"（以上《對酒》）"雞蹠宜菰白，豚肩雜韭黃。""羹香紅糝熟，炙美綠椒新。"（以上《與村鄰聚飲》）色彩斑斕，美不勝收。

有時追求的是食物的造型逼真生動，做出以假亂真的效果。佛教有食素的傳統，但時間既久，不免有葷腥之念，於是有人發明出了以假亂真的用素食做成的"葷菜"，如唐代的崔安潛是佛教信徒，他"以麵及蒟蒻之類染作顏色，用象豚肩、羊臑、膾炙之屬，皆逼真也"。（五代·孫光憲《北夢瑣言》卷三）至今在一些寺廟中，還能吃到這類的食物。

名稱上的追求

中國人對食物的講究，也體現在對食物的命名上，在菜餚的命名上花了大量的心思。菜餚的名字或雅致、或通俗、或巧妙、或有趣，有時人們會忘記菜的味道，但其名字卻成了被人長久回味的對象。有些菜餚本是普通常見的，但往往因為一個名字而廣為流傳，如東坡肉、麻婆豆腐、夫妻肺片等。又如蒙古族的全羊席

圖 1-1　文人宴飲

中，有一百多道菜，名字中卻沒有一個"羊"字，堪稱絕妙：

採聞靈芝（羊鼻）、鳳眼珍珠（羊睛）、千層梯絲（羊舌）、水晶明肚（羊肚）、吉祥如意（羊髓）、七孔設台（羊心）、文臣虎板（羊排）、烤紅金棗（裏脊）、釀麒麟頂（蓋頭）、鹿茸風穴（羊鼻）、金銃猩唇（上唇）、金熠翠綠（精肥肉）、鳳眼玉珠（羊睛）、天開秦俞（耳根）、百子葫蘆（葫蘆門）、扣燜鹿肉（熟肉）、菊花百立（羊髓）、金絲繡球（羊肝）、甜蜜蜂窩（羊肚）、寶寺藏金（乾肉）、虎保金丁（鮮肉）、御展龍肝（羊腰）、彩雲子箭（羊肺）、冰雪翡翠（羊尾）、絲落水泉（羊舌）、丹心寶袋（羊心、散丹）、八仙過海（肚、心、胸、葫蘆、散丹、腰子、肝、蹄）、青雲登山（羊蹄）等。（王歆輝《中國蒙古族飲食文化初探》）

但花樣翻新的名目帶來的麻煩是，食客只見其名卻不知實際為何物，過分追求新奇、雅致，卻失去了名稱本該有的指涉功能。

圖1-2　小園夜宴

環境的追求

　　古人飲食講究氛圍和環境，或奢華或簡淡，或熱鬧或清雅，或雅集或獨酌，關鍵要能和飲食的功用與氣氛相融洽。在野外就餐尤其能體現士人風雅之趣，在大自然之中，品賞美景的同時，又能賦詩飲酒，實在是人生之快事。最適合野餐的時節是春天，踏青春遊，飲酒作樂，歷代這樣的記載非常之多："四野如市，往往就芳樹之下，或園囿之間，羅列杯盤，互相勸酬。都城之歌兒舞女，遍滿園亭，抵暮而歸。"（宋·孟元老《東京夢華錄》卷七）為了防雨，古人已經發明了類似帳篷的

圖1-3 楊柳青年畫中的《紅樓夢》宴飲

"油幕"，不致因風雨而敗興。向來以奢靡之風著稱的杭州，春天宴遊的場面更是奢華："宴於郊者，則就名園芳圃、奇花異木之處；宴於湖者，則彩舟畫舫，款款撐駕，隨處行樂。此日又有龍舟可觀，都人不論貧富，傾城而出，笙歌鼎沸，鼓吹喧天，雖東京金明池未必如此之佳。殢酒貪歡，不覺日晚，紅霞映水，月掛柳梢，歌韻清圓，樂聲嘹亮，此時尚猶未絕。男跨雕鞍，女乘花轎，次第入城。"（宋·吳自牧《夢粱錄》卷二）飲食的環境也被藝術化了。

烹羊宰牛且為樂：
主副食、餐館及其他

主食與副食

　　食物有主食、副食之說，主食是最基本的食物，主要用以充飢，提供人體最基本的養分。中國的主食以米麵熟食為主。副食則是在吃飽的基礎上，滿足對食物豐富性和享受性的需要，包括蔬菜、肉食、水果等。《黃帝內經・素問》中談道："五穀為養，五果為助，五畜為益，五菜為充。"五穀為主食，五果、五畜、五菜均為副食。五穀究竟是指哪幾種穀類，向來有不同說法。唐代的王冰認為，五穀是指粳米、小豆、麥、大豆、黃黍；五果包括棗、李、栗、杏、桃；五畜為牛、羊、豬、犬、雞；五菜為葵、韭、藿、薤、蔥。

　　先秦時期，中國北方的主食為小米類糧食。儘管小麥較早就從中亞傳入，但並未大面積種植。歷史學家許倬雲認為，麥粒麩皮粗糙，不易消化，可能是小麥未被大規模推廣的原因；而在東漢之後，磨製麥粉的技術成熟，小麥也逐漸流行開來，成為中國人尤其是北方人的主食。（《萬古江河：中國歷史文化的轉折與開展》）南方以稻米為主食，《隋書·地理志》說："江南之俗，火耕水耨，食魚與稻。" 南方氣候溫暖，地沃水足，很多地方水稻可以一歲三熟，所以糧食充足。中古以來，經歷多次大規模的北人南徙，南方人口眾多，也逐漸成為經濟和文化中心，南方的發展與充足的糧食不無關係。

在農業社會中，對於普通人家來說，肉食是很難得的，因為飼養動物要投入一些成本，平民百姓也沒有足夠的經濟實力經常購買。於是，能否 "食肉"，成了劃分社會階層的外在標誌之一：達官貴族被稱為 "食肉者"，普通百姓被稱為 "食蔬者" 或 "食菜者"。孟子在談到自己的政治理想時，目標之一就是要讓 "七十者可以食肉"（《孟子·梁惠王上》）。在經濟條件較好的時代，食肉也會成為一般百姓的享受性追求。如向來以奢靡著稱的南宋首都臨安（今浙江杭州），就有許多肉舖，這也反映了南方富裕的經濟條件。

古代的肉食以豬肉為首，大概是因為相比其他肉類而言，豬肉相對便宜，且肥瘦適宜，美味可口。據說蘇

圖1-4　元代壁畫中的賣魚場景

東坡曾作《食豬肉》詩："黃州好豬肉，價錢等糞土。富者不肯吃，貧者不解煮。慢着火，少着水，火候足時他自美。每日起來打一碗，飽得自家君莫管。"蘇東坡精通美食，點出了燒製豬肉之訣竅，後來廣為流行的"東坡肉"，據說就源於此。

平淡飲食之樂

人們對食物最基本的需求是飽腹，在古代社會中的多數時間內，人們都面臨着食物的短缺。但中國人在日常平淡的生活中，也會在有限的條件下從食物中找到滋味和快樂。比如唐代貧寒人家的飲食有"三白"之說："蘿蔔，貧寠之家與鹽、飯偕行，號為'三白'。"（唐·楊曄《膳夫經手錄》）據傳蘇東坡曾對朋友說，自己年輕應考之時曾與弟弟每日享用"三白"，覺得"食之甚美，不復信世間有八珍也"。朋友不解，問他何為"三白"，蘇東坡回答說："一撮鹽，一碟生蘿蔔，一碗飯，乃三白也。"（宋·朱弁《曲洧舊聞》卷六）陸游《園中晚飯示兒子》說："盤餐莫恨無兼味，自繞荒畦摘芥菘。"芥菜、大白菜，就是貧寒之家主要的蔬菜，北方地區至今還有在冬天儲藏大白菜的習慣。在冬季，芥菜、大白菜這些蔬菜經過醃製後，就成為普通人家最主要的菜食,如陸游另一首詩《幽興》曰:"芥菘漸美鹽虀足,誰共貧家一釜羹?"

豪奢的宴席

飲食的豪奢,在宮廷之中可謂體現得淋漓盡致。《周禮》說到為周天子服務的宮廷官吏有四千多人,其中負責管理飲食的就有兩千兩百多人,數字或容商榷,但由此也可看出貴族在飲食方面的氣派和奢侈。明清時期,隨着經濟的繁榮,社會上逐漸形成了消費主義傾向的奢侈之風,這種風氣在飲食領域體現得最為突出。富家巨室常會舉行豪奢的宴席,如明代文人謝肇淛《五雜組》寫道:"今之富家巨室,窮山之珍,竭水之錯,南方之蠣房,北方之熊掌,東海之鰒炙,西域之馬奶,真昔人所謂富有小四海者,一筵之費,竭中家之產不能辦也。"這樣的場面十分豪華,但在當時卻是普遍的風氣。從晚明一直到清代中葉,此種風氣在江南都十分流行,珍稀食物如燕窩、魚翅等,竟然成為宴席必備菜餚。當時很多人對此加以批評,上引那段話之後,謝肇淛接着評論道,這樣的豪奢用來"明得意,示豪舉,則可矣,習以為常,不惟開子孫驕溢之門,亦恐折此生有限之福"。謝肇淛的話說得比較溫和,意思是說如果偶

圖1-5　唐墓壁畫中的唐人宴飲

爾如此鋪張一次，以顯示自己的財富和地位，也未嘗不可，但不可把這樣的豪奢之舉當作常態。

古代的餐館

中國人很注重宴請，逢年過節、婚喪嫁娶、進舉登科、慶生壽誕、建房開業等，都要置辦酒席，邀請親友，以示慶賀，趁機聯絡親誼。中國人的血緣關係及社會關係，也多是通過這樣的宴請來加強的。

飯店是最能體現中國人閒暇生活的去處，古代飯店業非常發達。比如南宋臨安，與飲食有關的店舖（包括酒樓、飯店、麵店、茶肆等），佔城中所有店舖的三分之二左右，且遍佈城市各個角落。當時由朝廷開辦的官方酒樓有和樂樓、中和樓、太和樓、和豐樓、春風樓、太平樓、豐樂樓、西溪庫、南外庫、北外庫等十餘家，而民間的著名酒樓有熙春樓、日新樓、三元樓、花月樓、賞心樓等十八家。（宋·周密《武林舊事》卷六）這些飯店非常高檔，裝潢豪華，門口有醒目的招牌，內部空間寬綽，分設多個包間，環境優雅安靜。所有的擺設十分精美，使用的餐具做工精良，不乏金銀製品。就餐時還有樂舞助興，盡顯排場。也有一些小飯館，分佈在大街小巷，提供基本的飲食服務。還有一些流動攤販，不論早晚，都能見到他們的身影。《夢粱錄》談到在杭州，"如頂盤擔架賣市食，至三更不絕。冬月雖大雨雪，亦有夜市盤賣"。

飯店的服務周到，《夢粱錄》中提到："杭人侈甚，百端呼索取覆，或熱，或冷，或溫，或絕冷，精澆爐燒，呼客隨意索喚。"大概是杭州人比較講究，飯菜一旦冷熱有變，就叫店家來處理，店家也盡量滿足所有人的需求。宋代的飯店大致分為分茶店、羊飯店、南食店、素食店、衢州店等。分茶店是綜合性的飯店，提供各種常見飯菜；羊飯店主要提供北方風味菜餚；南食店則以南方風味為主；素食店主要滿足素食者與佛教徒的

圖1-6　宋代的飯店

飲食需要；衢州店是一種提供家常口味飯菜的飯館。

　　古人在重要的儀式上要宴請賓客，有歡慶類的宴席，如結婚、中舉、升官、壽誕等，也有喪禮、祭祀儀式中的酒席等。大戶人家可以自己張羅，但有些人家沒有如此多的人手或足夠的場地來準備儀式和酒菜，於是就有專門的酒店代為全盤操辦。《武林舊事》中稱這類飯店為"茶酒廚子"，專門處理宴席的所有流程和物品，舉凡"花檐、酒檐、首飾、衣服、被臥、轎子、布囊、酒器、幃設、動用、盤合、喪具，凡吉凶之事，自有所謂‘茶酒廚子’專任飲食請客宴席之事。凡合用之物，一切賃至，不勞餘力。雖廣席盛設，亦可咄嗟辦也”。服務周到專業，不讓今日。

由於宴請之風興盛，杭州逐漸形成了一種新的服務業，稱為“四司六局”。四司包括帳設司、茶酒司、廚司和台盤司。帳設司主要負責環境佈置，包括仰塵、桌幃、搭席、簾幕、屏風等；茶酒司負責招待，包括邀請和迎送賓客、傳語取覆、送茶斟酒等；廚司負責食物製作，包括打料批切、烹製菜餚等；台盤司負責飯菜上桌、接盞、清洗盤碗等。六局包括果子局、蜜煎（餞）局、菜蔬局、油燭局、香藥局、排辦局等。果子局負責採購配置新鮮水果等；蜜煎局採辦蜜餞類乾果；菜蔬局負責各種蔬菜採購；油燭局負責燈火照明；香藥局負責置備各種香料；排辦局負責裝飾、灑掃等。分工明確，各司其職，從而也大大提高了效率。南宋筆記《都城紀勝》就說：“官府貴家置四司六局，各有所掌，故筵席排當，凡事整齊，都下街市亦有之。常時人戶每遇禮席，以錢倩之，皆可辦也。”

青蒿黃韭試春盤：
歲時飲饌

　　對於古代的普通人來說，食物不夠豐富，平日生活非常節儉，但一般也會在節假日時“放縱”一下，添置新衣服，備置美食。所以節假日就成了中國人難得的享受美食的時刻，儘管這種享受還是要受到自身經濟條件的制約。歷來的節日消費中，飲食方面的花費是最多的。節日期間的食物花樣百出，和平時單調的食物完全不同。清人所作《杭俗遺風》中對節令點心有一段描寫，足見節日食物之豐富：“四時八節之點心，如新年吃年糕，上燈夜吃燈圓兒，十五吃元宵，落燈吃年糕，清明吃青白湯團，立夏吃烏飯糕、夏餅，端午吃粽子，六月廿三吃麥糕，中元吃餛飩、石花，中秋吃月餅，重陽吃栗糕，十月朝、冬至、新春、年下均吃年糕……再茶食店所賣各樣細點，不下數百件，不及備載。”

春季

正月：立春是二十四節氣中的第一個，古人非常重視立春風俗，立春常吃春盤、五辛菜。李時珍《本草綱目》說："五辛菜，乃元旦、立春，以蔥、蒜、韭、蓼蒿、芥辛嫩之菜，雜和食之，取迎新之意，謂之五辛盤。"蘇軾的詩中也說："漸覺東風料峭寒，青蒿黃韭試春盤。"（《送范德孺》）

大年初一為"三元之日"，北方流行吃餃子，"無論貧富貴賤，皆以白麵作角（餃）而食之，謂之煮餑餑。舉國皆然，無不同也"（清·富察敦崇《燕京歲時記》）。餃子中還包有錢幣，以卜一年的時運。古代還流行把柿餅、荔枝、圓眼、栗子、熟棗等裝在一起，稱之為"百

圖 1-7　春宴

事大吉盒兒"，以求吉祥如意。（明·劉若愚《酌中志》卷二十）

正月初七是"人日"，北方人吃煎餅，"北人以人日食煎餅於庭中，俗云熏天"（晉·郭緣生《述徵記》）；而南方人則食菜羹，"正月初七為人日，以七種菜為羹"（南朝梁·宗懍《荊楚歲時記》）。正月十五元宵節，吃元宵、豆粥、科斗羹、蠶絲飯、鹽豉湯、餛飩湯等，其中元宵是最重要的節令美食。

二月：二月初一為中和節（後變為二月初二），俗稱"龍抬頭"。在此日，"民間以青囊盛百穀瓜果種相問遺，號為'獻生子'"（《新唐書·李泌傳》）。有些地方還要吃富貴果子、太陽糕、撐腰糕等。《燕京歲時記》中說："二月初一日，市人以米麥團成小餅，五枚一層，上貫以寸餘小雞，謂之太陽糕。"

三月：二、三月間有寒食節、清明節，寒食節以吃冷食為主，吃麥粥、麥糕、乳酪、棗糕等。清明節的飲食類似於寒食節，"唐朝清明宴百官，皆冷食"（宋·蔡絛《西清詩話》）。

三月初三的上巳節，是一年中的主要節日之一，古人外出春遊，曲水流觴。王羲之等人在蘭亭禊飲，王羲之書寫《蘭亭集序》，使得這一次聚會成為千古美談。

圖1-8　上巳節（三月三）曲水流觴

夏季

四月：三、四月間的立夏日，民間流行吃李子、櫻桃、香梅、蠶豆、七家茶、五色飯、百草餅等。"立夏日俗尚啖李。時人語曰：'立夏得食李，能令顏色美。'故是日婦女作李會，取李汁和酒飲之，謂之'駐色酒'。"（《玄池說林》）四月八日是浴佛節，所食多與佛教有關，如糕糜（糖粥）、不落莢（類似粽子）、結緣豆、黑豆飯、青精飯等。

五月：端午節要吃粽子（角黍）、鴨蛋，喝雄黃酒等，親鄰之間也以這些食物相饋贈，南方各地也流行吃石首魚（黃花魚），"雖貧家必買石首魚烹食"（清康熙《嘉定縣志》卷四）。晚清著名文人王韜曾觀察到這種現象：

"吳俗最尚此魚，每嘗新時，不惜重價，故有'典帳買黃魚'之諺。"（《瀛壖雜志》卷一）

六月：夏日三伏，天氣炎熱，食物也以消暑降溫為特色，浮瓜沉李、暑湯冰盤，消夏的食物也非常豐富。像北京流行的《北平俗曲十二景》中談到消夏的食物："六月三伏好熱天，什剎海前正好賞蓮。男男女女人不斷，聽完大鼓書，再聽'十不閒'。逛河沿，果子攤兒全，西瓜香瓜杠口甜，冰兒鎮的酸梅湯，打冰盞，買了把子蓮蓬，轉回家園。"

秋季

七月：七月七日是"乞巧節"，也是古代的女兒節。這一天非常熱鬧，常見的食物有糜粥、湯餅、煎餅、巧水、巧果、果茶等。"魏時人或問董勳云：七月七日為良日，飲食不同於古，何也？勳云：'七月黍熟，七日為陽數，故以糜為珍。今北人唯設湯餅，無復有糜矣。'"（西晉·周處《風土記》）

八月：在立秋日，一般吃蓮蓬、西瓜、蓮藕等。《酌中志》中說："立秋之日戴楸葉，吃蓮蓬、藕，曬伏薑，賞茉莉、梔子、蘭、芙蓉等花。"

中秋節要吃月餅，也以月餅來饋贈親友，"民間以月餅相饋遺"（清康熙《杭州府志》卷六）。中秋夜合家歡宴，或臨池賞月，或蕩舟水上，其樂融融，人月雙圓。"設酒舟中，或放燈船，集南湖，絲竹歌吹之聲徹夜。"（清嘉慶《嘉興縣志》卷十七）

九月：九月九日重陽節，登高思親，這一天要喝菊花酒，吃菊花糕，糕點種類很豐富。清代潘榮陛《帝京歲時紀勝》寫道："京師重陽節，花糕極勝。有油糖果爐作者，有發麵壘果蒸成者，有江米黃米搗成者。皆剪五色彩旗以為標幟。市人爭買，供家堂，饋親友。小兒輩又以酸棗搗糕，火炙脆棗，糖拌果乾，線穿山楂，繞街賣之。"

冬季

十月：十月一日有"暖寒"活動，迎接冬天到來，"民間皆置酒作暖爐會"（宋·孟元老《東京夢華錄》卷九）。除飲酒之外，也有一些季節食物，比如冰糖葫蘆："冰糖壺盧，乃用竹簽貫以葡萄、山藥豆、海棠果、山裏紅等物，蘸以冰糖，甜脆而涼。冬夜食之，頗能去煤炭之氣。"（清·富察敦崇《燕京歲時記》）

十一月：冬至也是很重要的節日，民間對冬至的重視程度不亞於春節。關於清代蘇州地區節令習俗的著作

《清嘉錄》寫道："郡人最重冬至節。先日，親朋各以食物相饋遺，提筐擔盒，充斥道路，俗呼'冬至盤'。節前一夕，俗呼'冬至夜'。是夜，人家更速燕飲，謂之節酒……諸凡儀文，加於常節，故有'冬至大如年'之諺。"南方有一種冬至節專門吃的"冬至糰"："磨粉為糰，以糖、肉、菜、果、豇豆沙、蘆菔絲等為餡"（清·顧祿《清嘉錄》卷十一），用來祭祀和饋贈。北方有在冬至吃餃子的風俗，至今還有"冬至不端餃子碗，凍掉耳朵沒人管"的諺語。

十二月：臘月初八為"臘日"，或稱"臘八"，最有名的就是臘八粥，另外還有臘八蒜。臘月二十四（或前後一天）為祭灶日，灶神上天彙報工作："月晦之夜，灶神亦上天白人罪狀。"（晉·葛洪《抱朴子·微旨》）為了防止灶神說壞話，就給灶神供奉灶糖，以粘住灶神的嘴巴。

中國人重視團圓，尤其是除夕，必一起吃年夜飯，家庭舉宴，長幼咸集，年夜飯古代也稱"合家歡"。春節期間拜訪親友，也多是以食物作為禮物，南方流行送年糕、春餅、春盤，寓有吉祥之意。

四

桑下春蔬綠滿畦：
古代的蔬菜

在古代士大夫階層中，較之肉食，他們更加青睞蔬菜。明人唐寅說："菜之味兮不可輕，人無此味將何行？"（《愛菜詞》）蔬菜不但是人們生活中最基本的食物，也是田園之中最主要的風景。"桑下春蔬綠滿畦，菘心青嫩芥薹肥。""紫青蓴菜卷荷香，玉雪芹芽拔薤長。"（宋·范成大《四時田園雜興》）院前屋後，蔬果成行，會給人一種安穩殷實、生機勃勃的感覺。

蔬菜的種類

古代的蔬菜品種很豐富，元代的貢師泰有一首《學圃吟》，其中就出現了三十三種蔬菜的名字，清新自然，美不勝收。利瑪竇認為，他所見的中國蔬菜，其豐富程度遠超歐洲。清代汪灝所編《廣群芳譜》中，收錄

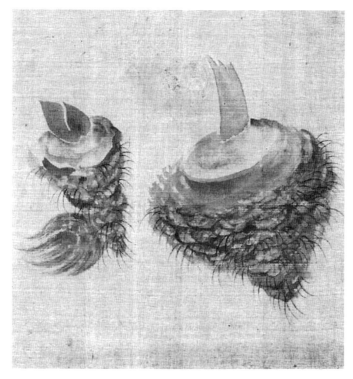

圖 1-9　芋頭

了九大類一百多種蔬菜，九類包括：辛葷、園蔬、野蔬、水蔬、食根、食實、菌屬、奇蔬、雜蔬。

葉類蔬菜：佔據蔬菜的大多數。有學者統計中國古典文學作品中常見的葉類蔬菜，主要有八種：韭、大白菜（菘）、芥菜、莧、萵苣、蕎蕎（薤）、菠菜（波陵、菠薐）、空心菜（蕹菜）。其中菠菜、空心菜是外來品種，大概在明清之後才多見諸詩詞作品。（潘富俊《草木緣情：中國古典文學中的植物世界》）

根類蔬菜：最常見的是蕪菁和蘿蔔。《詩經》曰："採葑採菲，無以下體。"（《詩經·邶風·谷風》）"葑"就是蕪菁，"菲"就是蘿蔔。尤其是蘿蔔，在中國的蔬菜中佔據重要的地位，既可以作蔬菜，又可以當水果；既可食根，又可食葉；既能充飢，又能養生。《本草綱目》說蘿蔔"可生可熟，可菹可醬，可醬可豉，可醋可糖，可臘可飯，乃蔬中之最有利益者"。

果類蔬菜：就是以植物果實入菜者。主要是茄子和各種瓜類，包括匏瓜、絲瓜、冬瓜、苦瓜、南瓜、黃瓜等。

香辛類蔬菜：包括蔥、薑、蒜、花椒、水蓼、蘘荷、紫蘇、老藤、胡椒、懷香、芫荽、羅勒、辣椒等具有強烈香味或刺激性氣味的蔬菜，多用於調味。

木本蔬菜：有些灌木或喬木的枝葉、花果等可以入菜，如槐樹、榆樹、香椿、棕櫚等。槐花、槐葉都能入菜，宋代王禹偁有詩曰：「子美重槐葉，直欲獻至尊。」
（《甘菊冷淘》）可見杜甫對槐葉的喜愛。

豆類蔬菜：包括豌豆、扁豆、蠶豆、豇豆、綠豆
等。如豌豆苗，是中國人喜愛的蔬菜之一：「櫻桃豌豆
分兒女，草草春風又一年。」（元·方回《春晚雜興》）而
「籬頭未下絲瓜種，牆腳先開蠶豆花」（清·陸世儀《春日
田園雜興》），描寫的則是絲瓜與蠶豆。

野菜

蔬菜其實最初都是野生的，只不過人們把一些適合
食用的植物加以培育，慢慢成了種植蔬菜。《說文解字》
中解釋「菜」字時就說：「菜，草之可食者。」而一些
野菜其實也是至上的美味。古代常見的野菜包括蔞蒿、
蕨、野豌豆、苦菜、薺菜、冬葵、苜蓿、落葵、荇菜、
蓴菜、水芹等。如蓴菜，後來成為江南著名美食之一，
讚美蓴菜的詩文所在多有，唐代陸龜蒙就在詩中寫道：
「橫眠木榻忘華薦，對食露葵輕八珍。」（《奉酬襲美苦雨
見寄》）「露葵」就是蓴菜，吃過蓴菜之後，有種「輕八
珍」的感覺。野菜常會給人帶來別致的美味享受，黃庭
堅《觀化》寫道：「竹筍初生黃犢角，蕨芽已作小兒拳。
試挑野菜炊香飯，便是江南二月天。」

圖 1-10　茄子

醃菜

在冬季，尤其是北方，時令蔬菜減少，為了過冬的需要，每戶人家要儲存一些便於長時間保存的蔬菜，如大白菜、蘿蔔等，或者醃製鹹菜，以備過冬。醃菜在冬天廣受歡迎，被視為美味，陸游專門寫過《鹹齏十韻》，描述了鹹菜醃製的過程，以及對鹹菜的感受：

九月十月屋瓦霜，家人共畏畦蔬黃。
小罌大甕盛滌濯，青菘綠韭謹蓄藏。
天氣初寒手訣妙，吳鹽正白山泉香。
挾書旁觀稚子喜，洗刀竭作廚人忙。
園丁無事臥曝日，棄葉狼藉堆空廊。
泥為緘封糠作火，守護不敢非時嘗。
人生各自有貴賤，百花開時促高宴。
劉伶病醒相如渴，長魚大肉何由薦？
凍齏此際價千金，不數狐泉槐葉麵。
摩挲便腹一欣然，作歌聊續冰壺傳。

很多蔬菜的生長都有地域性，但在大城市中，也有一些異地的蔬菜，如明代北京就有不少原產自南方的蔬菜，如冬筍、蒿筍、香菌、薑菜、黃精、黑精。

圖 1-11　白菜

夏季蔬菜

現如今，夏季是水果蔬菜最豐富的季節，但在古代，夏季蔬菜卻非常缺乏。中國現有六百多種農作物，大概有三百種源自本土，三百多種引自域外。今日所食用的許多夏季果蔬，外來品種不少。夏季高溫、多雨，且多蟲害，本土蔬菜難以生長，古籍中常提到夏季"園枯"的現象。通過不斷引入外來作物，夏季蔬菜也豐富起來。根據《氾勝之書》與《四民月令》，漢代蔬菜有二十一種，其中夏季蔬菜只有四種；北魏《齊民要術》中蔬菜三十五種，夏季蔬菜只有七種；而到了清代，《農學合編》中記載蔬菜五十七種，夏季蔬菜增加到了十七種，包括白菜、菜瓜、南瓜、黃瓜、冬瓜、絲瓜、西瓜、甜瓜、瓠子、莧、蕹菜（空心菜）、辣椒、茄子、刀豆、豇豆、菜豆、扁豆。（李昕升《中國南瓜史》）可以看出，明清時期夏季蔬菜較之以前已經大為豐富，主要原因是 1492 年哥倫布發現美洲新大陸之後，原產美洲的許多作物開始向全世界傳播。明清時期引入中國的夏季蔬菜不少，如南瓜、辣椒、筍瓜、西葫蘆、番茄、菜豆等。

一騎紅塵妃子笑：
古代的水果

《西遊記》第一回中，石猴要外出學藝，眾猴擺宴送別，擺出水果有：

金丸珠彈，紅綻黃肥。金丸珠彈臘櫻桃，色真甘美；紅綻黃肥熟梅子，味果香酸。鮮龍眼，肉甜皮薄；火荔枝，核小囊紅。林檎碧實連枝獻，枇杷緗苞帶葉擎。兔頭梨子雞心棗，消渴除煩更解醒。香桃爛杏，美甘甘似玉液瓊漿；脆李楊梅，酸蔭蔭如脂酥膏酪。紅囊黑子熟西瓜，四瓣黃皮大柿子。石榴裂破，丹砂粒現火晶珠；芋栗剖開，堅硬肉團金瑪瑙。胡桃銀杏可傳茶，椰子葡萄能做酒。榛松榧柰滿盤盛，橘蔗柑橙盈案擺。熟煨山藥，爛煮黃精。搗碎茯苓並薏苡，石鍋微火漫炊羹。

諸多水果令人眼花繚亂，最後作者感歎說："人間縱有

珍羞味，怎比山猴樂更寧？" 真不愧是 "花果山"。中
國地域廣袤，水果種類非常豐富，李時珍在《本草綱目》
中列出的水果就有一百二十七種。

水果的種類

　　水果大致可以分為肉果、瓜果和乾果。中國古典
文學作品中出現的水果，主要的肉果有：桃、李、梅、
杏、梨、棠梨（杜梨、甘棠）、山楂、柚、橘、橙、金

圖 1-12　古人生活中的瓜果

橘、木瓜海棠、毛葉木瓜、榅桲（木李）、柿、櫻桃、
石榴、葡萄、獼猴桃（萇楚）、楊梅、荔枝、龍眼等。
瓜果主要有：甜瓜和西瓜。乾果主要有：板栗、榛、
棗、菱、枳椇、核桃、橄欖、銀杏、香榧、紅松、可可
椰子、海棗、蘋婆等。（潘富俊《草木緣情：中國古典文學
中的植物世界》）

水果的功能

　　水果是人們最主要的享受性食品，但一些水果會在
食物短缺的時候，承擔起救急備荒的充飢功能。比如柿
子含有比較多的澱粉，且食用方法多樣，不但可以直接
食用，還能做成柿餅長時間存放，且可與米、麵混合做
成多種食物，在大眾生活中起到了多層次的作用。徐光
啟就建議，各地官員要多鼓勵百姓種植柿樹："凡坡陂
陡地內，各密栽成行，柿成，做餅以佐民食。"（《農政
全書‧樹藝》卷二十九引《荒政要覽》）

異地水果

　　古代因為交通運輸與保存技術等條件的限制，地
域性水果很難被其他區域的人品嚐到。但因為富貴之家

的需要，一些較大的城市也有很多異地水果出售。如明代的北京，市場上出現的南方水果就有蜜柑、鳳尾橘、漳州橘、橄欖、風菱、脆藕等。古代最著名的異地水果是荔枝。荔枝一般產自南方，自漢代開始，因為皇帝的喜愛，南方開始每年向宮廷進貢荔枝。"一騎紅塵妃子笑，無人知是荔枝來。"（唐・杜牧《過華清宮絕句》）楊貴妃吃荔枝的故事，成了跨區域運送荔枝的生動寫照。長距離運輸，對於水果的保鮮是極大的考驗，且運輸的

圖1-13　鳥棲荔枝

成本很高。明代發明了一種新的包裝方法，類似於真空包裝："鄉人常選鮮紅者，於竹林中擇巨竹，鑿開一竅，置荔節中。仍以竹籜裹泥，封固其隙，借竹生氣滋潤。可藏至冬春，色香不變。"（明·徐𤊟《荔枝譜》卷下）

近代交通便利之後，人們能夠吃到更遠地方的水果。如在近代沿海城市通商之後，航運便捷，上海的水果變得非常豐富："本邑之水蜜桃，洞庭之枇杷、楊梅、盧橘，天津之雪梨、葡萄……近則羊城鮮果，由輪船飛運來申。如甘蔗、蜜橘、香橙、甘瓜、椰子之類……而尤以舊金山之蘋果為獨出冠時。"（清·黃式權《淞南夢影錄》）甚至可以吃到美國的新鮮水果了。

水果的加工

水果的加工一般有乾製和蜜餞兩種方法。乾製是利用自然乾燥或人工乾燥的方法把水果脫水製成乾果。乾果有利於長時間的儲藏，也利於包裝和運輸。民間常見的乾製水果有棗、葡萄、烏梅、荔枝、桂圓等。蜜餞水果是將水果蜜漬保藏，因加入了蜜或糖，味道更加甜美，深受人們喜愛。宋代官辦的飲食服務機構"四司六局"中，就有"蜜煎局"，專門負責製作和供應蜜餞食品。當時主要的蜜餞水果有金橘、木瓜、荔枝等數十種。

栽種果樹

傳統的田園生活中，人們習慣在房前屋後種樹栽花、畜豬養牛。最初多出於經濟實用目的，後來慢慢具有了審美的意味。在傳統社會中，交換經濟還不發達，農戶自家種植莊稼、飼養家禽、種植果樹，是很有必要的。《孟子·梁惠王上》曰："五畝之宅，樹之以桑，五十者可以衣帛矣；雞豚狗彘之畜，無失其時，七十者可以食肉矣；百畝之田，勿奪其時，數口之家可以無飢矣。"田宅前後，農桑、禽畜、莊稼環繞，一派自給自足的小農經濟庭園景象。《顏氏家訓》也說："築室樹果，生則獲其利，死則遺其澤。"栽植的果樹木，可以使後輩受益。

庭院種植果樹也有吉祥的意義。古代有俗諺說："家有千樹似封侯。"樹木茂盛，代表家業興旺。古代很多人家喜歡在庭院中種植三棵槐樹，源自《周禮·秋官》中所說的"面三槐，三公位焉"。相傳周朝宮廷之外有三棵槐樹，三公朝拜天子時，面朝三槐而立，三槐後來就成為三公的代稱。種三棵槐樹，取升官發達之意。此外，古代認為梧桐為樹中之王，百鳥不敢棲息其上，而鳳凰除了梧桐不棲他樹，所以民間有在家園種植梧桐樹的傳統。

圖 1-14　兒童撲棗

圖 1-15　八月剝棗

二月中旬已進瓜：
黃瓜及反季果蔬

吃瓜與消暑

　　瓜類乃是避暑必備之物，把瓜放在水中浸泡變涼，待吃時撈出，"浮瓜沉李"，是夏日最令人嚮往的美味。元人歐陽玄的《漁家傲》詞寫北京六月間的情形："六月都城偏晝永，轆轤聲動浮瓜井。"說的是把西瓜放在井裏，待吃的時候撈出來，清爽甘甜。古人還能用冰塊來冰鎮瓜果，唐寅在《江南四季歌》中寫道："金刀剖破水晶瓜，冰山影裏人如玉。"這大概就是一種冰鎮西瓜，讀來令人感覺清爽無比。古代關於吃西瓜的記載很多，還有一種瓜頗受古人喜愛，那就是黃瓜。

　　黃瓜是一種美味，既可作蔬菜，又能作水果，清爽可口，老少咸宜。元代劉鶚的《食黃瓜》寫道："燕山

圖 1-16　碩果累累

五月新嘗瓜，淺黃深碧風韻佳。食之颼颼清齒牙，時來
微物亦薦達，使我撫髀長咨嗟。”明清之際的詩人吳偉
業所作的《王瓜》也寫道：“同摘誰能待，離離早滿車。
弱藤牽碧蒂，曲項戀黃花。客醉嘗應爽，兒涼枕易斜。
齊民編《月令》，瓜瓞重王家。”“食之颼颼清齒牙”、“客
醉嘗應爽”等文字，實在是把黃瓜清脆爽口的特點描述
得淋漓盡致。

　　黃瓜性寒，“食之清熱解渴”（《致富全書》卷一），
故有消暑的功效，在夏天人們尤其喜食黃瓜。但從中
醫養生的角度而言，黃瓜不可多食，“多食，損陰血，
發瘧病，生瘡疥，積瘀熱，發疰氣，令人虛熱上逆。”
（元·賈銘《飲食須知》卷三）

圖 1-17　各種蔬果

黃瓜與王瓜

　　黃瓜又名胡瓜、王瓜，是西漢從西域傳入中原的。中國自古也有一種王瓜，常入中藥，又名栝樓、土瓜。因為兩者同名，所以經常有人把它們搞混淆。《禮記·月令》中提到孟夏之月"王瓜生，苦菜秀"，說的是作為藥材的王瓜。李時珍在《本草綱目》中提到，王瓜也被稱為土瓜："土瓜，其根作土氣，其實似瓜也。或云根味如瓜，故名土瓜。王字不知何義。瓜似雹子，熟則色赤，鴉喜食之，故俗名赤雹、老鴉瓜。"《本草綱目》說"王"字不知什麼來歷。而五代的邱光庭在《兼明書·

圖 1-18　栝樓

圖 1-19　王瓜

禮記·王瓜》中說："王瓜即栝樓也。栝樓與土瓜形狀、藤葉正相類，但栝樓大而土瓜小耳。以其大於土瓜，故以王字別之。《爾雅》諸言王者，皆此類也。"解釋了"王"字含義。

黃瓜是外來作物，據說是西漢張騫出使西域時帶回的，故最初稱為胡瓜。關於胡瓜改名黃瓜的原因，有人說是後趙石勒所改，有人說是隋煬帝所改。《貞觀政要》中記載了唐太宗的一段話："隋煬帝性好猜防，專信邪道，大忌胡人，乃至謂胡床為交床，胡瓜為黃瓜，又築長城以備胡。"大概是因為聽到"胡"字太過刺耳，就把這個字都改掉，就像近代流行的"洋"貨，如今也大多改名一樣。

元明以後，北方流行用王瓜稱呼黃瓜，這在元明時期的文獻中隨處可見。王瓜的稱呼在北方普遍流行，且流傳很久，至少在民國時期還在使用，但這次改名的原因卻無從考證。

二月吃瓜

黃瓜一般在春夏之交開始上市，陸游的《新蔬》詩就說："黃瓜翠苣最相

圖 1-20　古籍中對黃瓜的介紹

宜，上市登盤四月時。"而黃瓜一直到秋天還能吃到，陸游另一首詩《秋懷》就寫道："園丁傍架摘黃瓜，村女沿籬採碧花。城市尚餘三伏熱，秋光先到野人家。"看來陸游十分喜歡吃黃瓜。詩中提到園丁在摘黃瓜，大概他們是專門種植作蔬菜來賣的，蘇軾詞中就有"牛衣古柳賣黃瓜"（《浣溪沙》）的句子。

對於南方人來說，二月吃黃瓜是平常的事，陳繼儒就提到，"閩人二月食之，至夏枯矣"。（《致富全書》卷一）但也有不少文字記載，有人在北方初春時節就能吃到黃瓜。唐代詩人王建在《宮前早春》中寫皇家風物："酒幔高樓一百家，宮前楊柳寺前花。內園分得溫湯水，二月中旬已進瓜。"據說這裏的"瓜"就是指黃瓜。二月中旬，北方天氣尚冷，這時就能吃到黃瓜了。乾隆皇帝有一首關於黃瓜的詩曰："菜盤佳品最燕京，二月嘗新豈定評。壓架綴籬偏有致，田家風景繪真情。"（《黃瓜》）其中也說到在二月嘗新吃黃瓜。

反季黃瓜十分稀少，價格不菲。清代李靜山《增補都門雜詠》有一首如此寫道："黃瓜初見比人參，小小如簪值數金。微物不能增壽命，萬錢一食是何心？"早春黃瓜的個頭雖小，但吃一次要費"萬錢"。光緒《順天府志》中也記載："胡瓜即黃瓜……今京師正二月有小黃瓜，細長如指，價昂如米。"其實黃瓜的價格是遠超米價的。

吃瓜軼事

鄧雲鄉的《早春嘉蔬》一文提及一個傳說：明代一位皇帝在大年初一突然想起要吃黃瓜，御膳房派一位太監去買，到街上看到一個人手裏正拿着兩根黃瓜。太監如獲至寶，上前問價格。那人說，一根五十兩銀子，兩根一百兩銀子。太監大怒，嫌價格太離譜。那人隨即就把一根黃瓜吃掉了。太監着急，害怕無法交差，趕緊說：剩下的一根五十兩銀子我買了。那人卻說，現在這根賣一百兩銀子。太監無奈，只能花一百兩買下。（《雲鄉話食》）

雖是傳說，但說明反季黃瓜異常珍貴，一般是皇室貴族才能享用。能買得起的大戶人家也是專門用來宴請貴賓嘗鮮的，"凡宴貴客，用以示珍也"。（清光緒《順天府志》）也有一些豪貴之人以吃黃瓜為炫耀的談資："貴人亦以先嘗為豪，不待立夏。"（清·謝墉《食味新詠》）

黃濬的《花隨人聖盦摭憶》記載了一個十分有趣的故事——"食黃瓜朋友反目"。有一個名叫潘耀如的人，請新結交的朋友吃飯，按照慣例請朋友點菜，這位朋友也照慣例，想點一些不太貴重的菜。一般來說蔬菜最便宜，他見菜單中有黃瓜，就點了此道菜。嘗後覺得黃瓜味道鮮美，就又點了一道，誰知吃得停不下來，後來又點了一份黃瓜。時值初春，一道黃瓜菜品價值五六兩銀子。潘耀如以為這個朋友預先知道黃瓜的價格，故意這樣點菜給他難堪，於是席後給這位朋友寫信絕交。這真可算得上是吃黃瓜史上的一件奇事了。

溫室種植

那麼反季吃黃瓜是如何做到的呢？古人運用的就是溫室種植的方法。上述王建《宮前早春》中有"內園分得溫湯水，二月中旬已進瓜"的詩句，似乎就是利用"溫湯水"來進行反季蔬菜溫室種植的。北方，尤其是北京，流行使用"花洞子"來種植蔬果和花木，此類蔬果就是所謂"洞子貨"。據說溫室種植法源自漢代，清代談遷的《北遊錄》中說："漢太官園種冬生蔥韭菜茹，晝夜然蘊火，待溫氣乃生，見《漢書·召信臣傳》，今都下早蔬亦其法。以先朝內監，不惜厚直，以供內庖。"

明代的溫室技術應用廣泛，在寒冷的冬季，"穴地火而種植"（明·楊士聰《玉堂薈記》卷下），使得冬天也能四時蔬果俱備。黃瓜本在溫暖的春夏開花結果，"種陽地，暖則易生"（《授時通考》卷六十一）。但明清時期，尤其在北京地區，有人可以利用溫室技術來種植。明代王世懋的《學圃雜蔬》說："王瓜，出燕京者最佳，其地人種之火室中，逼生花葉，二月初即結小實，中官取以上供。唐人詩云'二月中旬已進瓜'，不足為奇矣。""火室"即溫室。光緒《順天府志》也提到，京師二月的黃瓜"其實火迫而生耳"。二月初，北方還比較寒冷，就能結出瓜果，可見當時溫室技術已經很高明了。這一方法延續了很久，老舍在1949年後所寫的《正紅旗下》中還說："到十冬臘月，她要買兩條豐台暖洞子生產的碧綠的、尖上還帶着一點黃花的王瓜。"

反季節種植雖能為人的口腹之慾提供一些新鮮感，但很多人是反對的，因為這種方法違背了自然的規律，用人為的手段干涉植物自身的生長方式，所得到的"皆

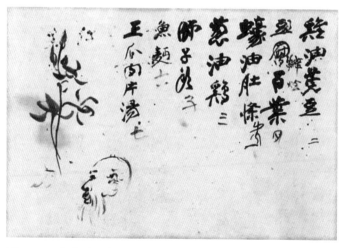

圖1-21 張大千所寫菜譜中有"王瓜肉片湯"

不時之物，有傷於人"（《漢書·召信臣傳》）。中國人十分注重與自然更替的節奏保持一致，從飲食、運動、養生、娛樂等諸多方面的要求都能看出這一特點。至今中國人還特別重視"當季"蔬果，也是這一傳統的延續。

晚清時期，日本漢學家服部宇之吉主持編纂的《北京志》曾提到："北京蔬菜栽培遠比其他農事發達，冬季能有黃瓜、豌豆、茄子等新鮮蔬菜上市，此系一部分農家所種，但大多為園藝家所栽培。"（張宗平、呂永和譯文）看來北京的反季蔬菜種植技術是一直比較發達的，且屬於規模性種植。

《北京志》還提到了具體的栽培方法，讓我們得以對當時的技術一睹其詳：

利用溫室進行栽培法。溫室結構很低，是用磚造成平房，或以泥土建成。大抵東西長，北、東、西三面砌牆，不留窗戶，唯南面使用紙窗，採光取暖，或在溫室內生火。室內地面純系土地，無特殊設備，有直接在土地上栽種蔬菜的，但多為盆栽。利用火力的則將地面挖深一尺五寸，其中一部分與中國民宅一般使用的炕略同，以磚壘床，上部整平，床內生火，多用煤球為燃料。這種煤球兒比一般廚房用的稍粗大，大抵自家搓製。火熱傳至磚床，逐漸使室內變暖。

這是利用盆栽技術栽種蔬菜，其下還提到了葉菜類的催熟法。《北京志》編纂的內容截至 1907 年 7 月，可見在晚清時期，這種反季種植蔬菜的方法十分成熟，且應用廣泛。

還有一種方法，就是利用窖藏，也能在冬天吃到黃瓜。這也是在北方冬天普遍使用的方法，用來保存食物、蔬菜和水果。鄭逸梅在《花果小品》中就提到，北京人常在夏季購置黃瓜，"窖藏土穴中，至歲尾年頭，為饋貽戚友之佳禮"。物以稀為貴，冬季的黃瓜給人們帶來的享受完全不亞於山珍海味。

何家籠餅須十字：
市肆中的食品

享用美食是中國人理想生活的重要組成部分，除了家庭中的飲食之外，最能體現享受性特點的美食出現在飲食市場中。古代許多大城市商業化程度很高，如開封、南京、杭州等城市，其居民對市場的依賴程度也很高，"金陵人家素無三日之儲，故每晨必有市"（清·陳作霖《金陵瑣志·鳳麓小志》卷三）。就算是在平時生活節儉的家庭，在年底也會買些食物或商品作為年貨，以豐富飲食。"歲暮，人家爭入市廛，雜買葷素食品，以克餽問。"（清·袁景瀾《吳郡歲華紀麗》卷十二）飲食市場中出售食物的原材料或成品，前者如糧市、肉肆、菜市、果市、調料市等，後者如麵食店、包子舖、熟食店、零食店、餅肆、漿飲店、酒肆等。

《禮記·王制》："衣服飲食，不粥（鬻）於市。"就是說先秦時期衣服、飲食不能買賣。西漢桓寬的《鹽

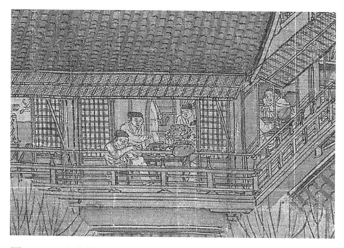

圖1-22　宋代的酒家

圖1-23　明代食貨店

圖1-24　清代食貨店

鐵論》也提到："古者,不粥(鬻)飪,不市食。"就是說,市場不出售食物。但《鹽鐵論》接着說,後來社會上"熟食遍列,殽施成市",可以看出飲食行業在此時開始發達起來。

糧市大概是每個時代中最為重要的市場,直接關係到基本的民生問題。糧市中糧食的豐欠優劣,也是一個時代生活水準的直接體現。

肉食是相對奢侈的食物,也是人們最喜歡的食物。從戰國開始就出現了專門的屠宰業,城市中的屠肆很多,如當時流行吃狗肉,有人就專門以屠狗為業。《史記》記載荊軻"日與狗屠及高漸離飲於燕市",這裏的"狗屠"就是宰殺狗的職業,分工可謂非常之細。南北朝時,南方也流行吃狗肉,於是"屠狗商販,遍於三吳"(《南史·王敬則傳》)。

水產市場在南方及東部地區很常見,從城市到鄉村,都能看到。如南京的魚市,"自鎮淮橋口至沙灣飲馬巷口,半里而近,夾道皆魚盆也"(清·陳作霖《金陵瑣志·鳳麓小志》卷三)。水產市場中也很早就出現了用冰塊保鮮的做法,所以水產店成為冰鮮行,交易十分活躍:"杭州之江魚船,來自寧波等海口。路遠天熱,魚皆藏於冰內。無論何時到地,江干設有冰鮮行。"(清·范祖述著,洪如嵩補輯《杭俗遺風》)

古代北方的一些大城市中，也有專門的水產市場，如《洛陽伽藍記》記載，洛陽城南宣陽門外的永橋市，就是當時著名的魚鱉市："里三千餘家，自立巷市，所賣口味，多是水族，時人謂為魚鱉市也。"海鮮在東南沿海城市十分常見，北方內陸地區要想吃上海鮮，就要花更大的代價，所以說："北來要作嘗鮮客，一段鰻魚一段金。"（清·楊米人《都門竹枝詞》）

蔬菜市場在漢代就達到了很高的商業化程度，已出現專業的蔬菜種植者和蔬菜商人。《史記·貨殖列傳》說："千畦薑韭，此其人皆與千戶侯等。"一些蔬菜種植者收入可以抵上千戶侯。北魏時期賈思勰的《齊民要術》對各類農作物包括蔬菜的栽培方法進行了十分詳盡的記述，說明當時的農業技術已經達到了很高的水準，同時也說明蔬菜的種植和產業化程度很高。其中提到北朝青州地區就是通過蔬菜商人來引進蜀椒品種的："商人居椒為業，見椒中黑實，乃遂生意種之……遂分佈種移，略遍州境也。"在宋代，蔬菜品種已達上百，可以看出蔬菜市場的繁榮。

果市在古代是人們生活富裕程度的晴雨表，特別是異地水果，主要是通過水果商人來實現流通的。如荔枝多產自南方，但北方很多地方，以至於周邊國家，都能看到荔枝出售，可見當時水果貿易的發達。宋人蔡襄的

《荔枝譜》談到福建荔枝在各地暢銷的情形："水浮陸轉以入京師，外至北戎、西夏。其東南，舟行新羅、日本、琉球、大食之屬，莫不愛好，重利以酬之。"

調料市場也是食品市場的重要組成部分，油鹽醬醋是生活的必需品，是美味的來源。特別是食鹽，很早就開始實行政府專賣，儘管後來有所開放，但鹽業基本屬於壟斷性行業，許多鹽商富可敵國。白居易有一首《鹽商婦》的詩，其中提到鹽商："婿作鹽商十五年，不屬州縣屬天子。每年鹽利入官時，少入官家多入私。官家利薄私家厚，鹽鐵尚書遠不知。"

古代市場上的一些飲食店，供應的種類十分豐富。唐代長安閶闔門外有家張手美食肆，隨着不同的時節，隨需供應不同美食，如在大年初一（元日）賣"元陽臠"，正月初七（人日）賣"六一菜"，上元節賣"油畫明珠"，二月十五賣"涅槃兜"，寒食節賣"冬凌粥"，四月初八賣"指天餕餡"，五月初五賣"如意圓"，伏日賣"綠荷包子"等，都是時令性美食，深得顧客喜愛。

這些飲食店製作的食物十分精美，連皇帝有時也會去市場上購買酒食。宋真宗曾派人去酒肆買酒來宴請群臣；宋仁宗曾去東京的飲食店購買菜餚；宋高宗曾去著名的宋五嫂魚店買魚羹，也曾派人去買過李婆婆雜菜羹、賀四酪麵、臟三豬胰胡餅、戈家甜食等。這些著

圖 1-25 賣漿一

圖 1-26 賣漿二

名的店舖都很有口碑，形成了各自的特色。南宋詩人楊萬里的《食蒸餅作》寫道：“何家籠餅須十字，蕭家炊餅須四破。”大概是說，何家、蕭家的籠餅、炊餅很有名，能蒸得十字開花，既好吃又好看，由此而具名氣。

飲食行業中還有一類是流動攤販，遊街串巷，滿足人們的多重需要，如《水滸傳》中的武大郎挑擔賣炊餅，即屬此類。這些流動攤販所賣食物，多是富有特色的小吃，很受顧客歡迎。唐代韋絢曾記載：“劉僕射晏五鼓入朝，時寒，中路見賣蒸胡之處熱氣騰輝，使人買之，以袍袖包裙帽底啖之，且謂同列曰：‘美不可言，美不可言。’”（《劉賓客嘉話錄》）

市場中也有飲料店，先秦已有專門以賣飲料為職業的人了。《莊子·列禦寇》中說：“夫漿人特為食羹之貨，無多餘之贏，其為利也薄，其為權也輕。”因為飲料非生活必需品，且價格低廉，所以獲利也微薄。但後來隨着商業化程度的提高，人們享受性的需求增多，賣飲料的行業也紅火起來，也能由此發財致富。《史記·貨殖列傳》提到：“賣漿，小業也，而張氏千萬。”飲料的主要功能是消渴，同時也有健康保健類功能。如《玉堂閒話》中提到一家飲料店，出售一種神奇的飲料，“用尋常之藥，不過數味，亦不閒方脈，無問是何疾苦，百文售一服，千種之疾，入口而愈。常於寬宅中置大鍋鑊，日夜剉斫煎煮，給之不暇。人無遠近，皆來取之"。簡直是包治百病的魔法飲料了。

古代的飲料很多，如宋代流行一種名叫"煎點湯茶藥"的飲料，配料以茶為主，雜以綠豆、山藥、腦麝等，研磨後用水煎煮。宋代煎茶就是用茶葉加上各種配料，宋話本《快嘴李翠蓮記》中借李翠蓮之口提到了著名的阿婆茶："此茶喚作阿婆茶，名實雖村趣味佳。兩個初煨黃栗子，半抄新炒白芝麻。江南橄欖連皮核，塞北胡桃去殼粗。二位大人慢慢吃，休得壞了你們牙。"其中就包括栗子、白芝麻、橄欖、核桃等諸多原料。

第二章

逸興：品茗、飲酒與抽煙

中國人的生活藝術在茶酒上表現得淋漓盡致。中國人常把"柴米油鹽醬醋茶"並列，作為生活的必需品。喝茶一方面是大眾生活所需，另一方面也是高人雅士追求清靜高遠境界的途徑。酒在中國人的生活中同樣重要，社交生活中，幾乎無酒不成席。悲歡離合、喜怒哀樂等諸多情感，都可以通過飲酒來表達。茶、酒特點不同：茶清淡，酒濃烈；茶嫻靜，酒奔放；有人喜品茗，有人愛飲酒。但喝茶飲酒又能完美地融合在一個人的身上，茶、酒似乎就是一個完整人格中相反相成不可分割的兩個維度。抽煙之風雖說稍微晚起，但其流行程度卻絲毫不遜色於茶酒，男女老少，均有喜歡抽煙者。特別喜歡抽煙的林語堂，在《生活的藝術》中就把煙、酒、茶並列，並視為中國休閒文化之代表，他說：

我以為從人類文化和快樂的觀點論起來，人類歷史中的傑出新發明，其能直接有力地有助於我們享受空閒、友誼、社交和談天者，莫過於吸煙、飲酒、飲茶的發明。這三件事有幾樣共同的特質：第一，它們有助於我們的社交；第二，這幾件東西不至於一吃就飽，可以在吃飯的中間隨時吸飲；第三，都是可以借嗅覺去享受的東西。它們對於文化的影響極大……

真是精妙的概括。

與君剪燭夜烹茶：
古人茶生活

茶與中國人的生活

　　飲茶的習慣據說最早源於四川地區，喝茶傳統可遠溯至西周。在秦統一中國後，逐漸傳播至其他地方。茶樹多產自南方尤其是巴蜀，陸羽的《茶經》就說："茶者，南方之嘉木也。一尺、二尺乃至數十尺，其巴山峽川有兩人合抱者，伐而掇之。"蜀地歷來喜歡喝茶，有諺曰："一城居民半茶客。"亦有人說："茶館是個小成都，成都是個大茶館。"這種風氣延續至今。其實不獨四川，多數中國人都喜歡喝茶，茶是中國人生活中的必需品。

　　中國是茶葉大國，不論是茶葉的產量還是消費量，均居世界之首，從古至今，一直如此。試舉近年的一組數據來看：據國際茶葉委員會統計，2015年全球茶葉種

圖 2-1　吃茶

植面積為 452 萬公頃，茶葉產量 527.6 萬噸，全球茶葉消費量則為 499.9 萬噸。而中國的種植面積為 279.1 萬公頃，佔全球總數的 61.7%；產量為 224.9 萬噸，佔全球總量的 42.6%；消費量為 181.2 萬噸，各項數據均是世界第一。（《中國茶產業發展報告〔2017〕》）

飲茶對中國人來說，不只是解渴，還承載了複雜的文化和精神內涵。喝茶能養性和神、舒心解悶、養生健體、頤養精神。茶有藥用功能，《神農食經》說："茶茗久服，令人有力悅志。" 茶可作為食物，古代有茶粥。茶也可以炒菜食用，如著名的龍井蝦仁、樟茶鴨等，至今還流行在中國人的餐桌上。中國人發展出了複雜的製茶飲茶程序，陸羽在《茶經》中說"茶有九難"：造茶、辨茶、茶具、炭火、選水、炙茶、碾茶、煮茶、飲啜。飲茶在技術與程序上的複雜性，也是中國人對茶十分重視的體現。中國人非常強調茶在文化和精神層面的意義，將茶提升到了"道"的高度。

中國人普遍喜歡飲茶，上至達官顯貴，下至販夫走卒，生活中都離不開茶。唐代人飲茶，有 "比屋之飲" 之說，就是挨家挨戶都喝茶，可見民眾飲茶的普遍性。宋代大眾飲茶之風盛行，普通人家裏平日都飲茶，也用茶來招待賓客。王安石說："茶之為民用，等於米鹽，不可一日以無。"（《議茶法》）城市的夜市上有流動的

圖 2-2　撵茶

茶攤，供應茶水，在外也能隨時喝到茶。南方飲茶之風
更盛，泡茶館是江南地區百姓非常普遍的休閒方式之
一，特別是在農閒時節，男人們喜歡在茶館喝茶聊天。
民國時期的經濟學家劉大鈞在《吳興農村經濟》（1938）
的調查報告中提到，喝茶是湖州人在農閒時節最基本的
休閒方式：

在夏季晝長夜短時，大約自晨至午，半日時間，皆消磨於此。臨歸時再買些油酒之類，回家午餐，餐後始下田工作。在冬日晝短，農家每日只有兩餐，在早餐後上鎮，晚餐前始歸。此種情形，雖非人人皆然，多數要皆如此。一年四季除蠶忙、田忙之時外，其餘多日時間皆以此地為惟一之消遣所。

對於農村和鄉鎮來說，可以消閒的公共空間比較少，茶館差不多就是唯一的地方了。

圖2-3 煎茶

對中國人來說，採茶本身也充滿着樂趣和詩意。初春時節，萬物萌生，茶芽初發，此為採茶的最佳時節。明代之前大概只採春茶，夏秋之季不採茶。明代許次紓《茶疏》中提到：“往日無有於秋日摘茶者，近乃有之。”古人對採茶的時節與時間有嚴格的規定，這種規定本身，體現的是中國的自然哲學，強調遵照自然規律，儘可能在採摘過程中保持茶葉之天然本性。陸羽的《茶經》說：“其日有雨不採，晴有雲不採。”宋代宋子安的《東溪試茶錄》說：“凡採茶必以晨興，不以日出。日出露晞，為陽所薄，則使芽之膏腴，出耗於內，茶及受水，而不鮮明，故常以早為最。”茶樹的生長需要獨特的自然環境，如氣候、陽光、溫度、水分、土壤等因素都很重要。出於中國獨特的自然哲學，中國人對茶葉生長環境的認知，也有着鮮明的文化意味。明代羅廩《茶解》中，建議要在茶園雜植梅、蘭、竹、松、菊等“清芳之品”，在意的是茶與此類植物在品性上的相似性。

飲茶環境與茶館

古人對飲茶的環境十分講究，需要“涼台靜室，明窗曲几，僧寮道院，松風竹月，晏坐行吟，清談把卷”。與飲者也不能是凡俗庸碌之人，而是“翰卿墨客，

緇流羽士，逸老散人，或軒冕之徒超然世味者"。（明·
徐渭《煎茶七類》）

明清之際的馮可賓在《岕茶箋》中談到十三種適宜
喝茶的場合和環境："飲茶之所宜者，一無事，二佳客，
三幽坐，四吟詠，五揮翰，六徜徉，七睡起，八宿醒，
九清供，十精舍，十一會心，十二賞鑒，十三文僮。"
而許次紓《茶疏》中談到的適合喝茶的場合和境界，大
概是古代有關此類文字的集大成者：

心手閒適，披詠疲倦，意緒棼亂，聽歌拍曲，歌罷
曲終，杜門避事，鼓琴看畫，夜深共語，明窗淨幾，洞
房阿閣，賓主款狎，佳客小姬，訪友初歸，風日晴和，
輕陰微雨，小橋畫舫，茂林修竹，課花責鳥，荷亭避
暑，小院焚香，酒闌人散，兒輩齋館，清幽寺觀，名泉
怪石。

中國人多以"你吃了嗎"作為見面寒暄語，古代還
曾以"喝茶否"來問候，可見喝茶在中國人生活中的重
要性。如清代旗人，養尊處優，無事可做，便整天泡茶
館："燕京通衢之中，必有茶館數處。蓋旗人晨起，盥
漱後則飲茶，富貴者則在家中，閒散者多赴茶館。以故
每晨相見，必問曰：'喝茶否？'茶館中有壺茶，有碗

圖2-4　茶會

茶，有點心，有隨意小吃，兼可沽酒。自辰至巳，館中高朋滿座，街談巷議，殊可聽也。"（陳恆慶《諫書稀庵筆記》）

茶館，又稱茶肆、茶樓、茶亭、茶坊、茶寮、茶社、茶屋、茶園、茶室等，不但是娛樂消遣之地，儼然也是社會交往、議事聚會、訂契立約、商談生意、互通信息、調解糾紛的場所，所以就有人把茶館看作是古代中國重要的公共空間之一。

茶館的裝修佈置非常講究，多會安置花卉、盆景等，並懸掛名人字畫，營造優雅的環境，使顧客留連。茶館之中還有很多表演和娛樂節目，如"茶百戲"表演，能在茶湯表面畫出各式圖案，美不勝收："近世有下湯運匕，別施妙訣，使湯紋水脈成物象者，禽獸、蟲魚、花草之屬，纖巧如畫，但須臾即就散滅。此茶之變也，時人謂之'茶百戲'。"（宋·陶穀《清異錄》卷下）

有些茶館並非以飲茶為要務，也幹些情色勾當，南宋杭州稱這類茶館為"花茶坊"。當時有名的有潘節乾茶坊、俞七郎茶坊、朱骷髏茶坊、郭四郎茶坊、張七相乾茶坊等。《夢粱錄》專門提醒說，這些地方"非君子駐足之地也"。

鬥茶

宋代飲茶之風盛行，人們常在一起品茶，比試茶品之高下。鬥茶又稱為茗戰，所鬥內容大致可以分為色和味兩方面。茗戰中"鬥色鬥浮"："色"指茶湯之色澤，唐茶貴紅，宋茶貴白；"浮"指茶沫，好茶的茶沫乳白如雪。又要"鬥味鬥香"，范仲淹《和章岷從事鬥茶歌》說："鬥餘味兮輕醍醐，鬥餘香兮薄蘭芷。"

鬥茶時都要把最好的茶拿出來，如福建建溪，有專門上貢的好茶，做成"小團"，為茶中極品，以至於有些人在鬥茶時也捨不得拿出來。蘇軾《月兔茶》詩就寫道："君不見，鬥茶公子不忍鬥小團，上有雙銜綬帶雙飛鸞。"

圖 2-5　鬥茶

惟有飲者留其名：
古人酒生活

　　講到中國人的生活文化，最不能忽視的，恐怕就是飲酒了。酒對中國文化滲透之深之廣，是其他事物所難以望其項背的。酒是人類古老的飲料，有人稱之為"天之美祿"，得意時飲酒，憂愁時飲酒；孤獨時飲酒，歡樂時飲酒；離別時飲酒，相逢時飲酒；可獨自小酌，可與人共飲。南朝陳末代皇帝後主陳叔寶的《獨酌謠》說："一酌豈陶暑，二酌斷風飆，三酌意不暢，四酌情無聊，五酌盂易覆，六酌歡欲調，七酌累心去，八酌高志超，九酌忘物我，十酌忽凌霄。凌霄異羽翼，任致得飄飄。寧學世人醉，揚波去我遙。爾非浮丘伯，安見王子喬？"酒竟成了通神的途徑。可以說，人們的生活之中，處處都有酒的影子。

酒與社交

酒在中國文化中的重要性，首先體現在社交領域。中國人最重要的交際場合便是宴席，而無酒不成席，所以宴席也稱為酒桌或酒場。中國人的餐館永遠是嘈雜喧鬧的，不像西方人那般只管安靜地吃喝，這大半也是中國人愛酒的緣故。觥籌交錯之間，陌生變為熟識，拘謹變為豪爽，關係由遠而近，事情也就辦成了。朋友之間，亦常以酒會友，酒最能見真情。唐代李白好酒，由蜀入長安時，還只是個初出茅廬的年輕人，當時已經很有名氣的賀知章前來拜訪，對其《蜀道難》讚賞有加，稱其為"謫仙人"，還將身上所佩的金龜解下來換酒與李白暢飲。此番情誼，讓李白感佩在心。賀知章去世，李白作《對酒憶賀監》來紀念："長安一相見，呼我謫仙人。昔好杯中物，今為松下塵。金龜換酒處，卻憶淚沾巾。"李白喜歡酒，交遊中也最重此物："但使主人能醉客，不知何處是他鄉"。（《客中作》）古代文人，迎接朋友，設酒接風；送別朋友，設酒餞行。常常是用一杯酒來表達歡情或離緒，就如王維那首著名的詩《送元二使安西》："渭城朝雨浥輕塵，客舍青青柳色新。勸君更盡一杯酒，西出陽關無故人。"

圖 2-6 田畯醉歸

酒與政治

　　喝酒誤國誤事的例子也有不少。相傳大禹在嘗到美酒時曾說："後世必有以酒亡其國者。"(《戰國策·魏策二》)夏桀亡國，有人就說其中有嗜酒的原因。夏桀好酒，以酒為池，"可以運舟，一鼓而牛飲者三千人"(《列女傳》卷七)。亡國的原因有很多，酒肯定是其中最不重要的一種，把本是君王的過失轉嫁到酒身上，只是史家的筆法罷了。此類說法在歷史中層出不窮，一旦亡國，原因大致不出酒、色二字。商紂亡國，就被人認為是 "好酒淫樂，嬖於婦人"，竟至於"以酒為池，縣（懸）肉為林，使男女倮相逐其間，為長夜之飲"（《史記·殷本紀》）。

飲酒與性情

明代于慎行的《谷山筆麈》說時人楊巍："好奇，多雅致。平生宦遊所歷名山，皆取其一卷石以歸，久之積石成小山。閒時舉酒酬石，每石一種，與酒一杯，亦自飲也。"是說楊巍喜好奇異的事物，追求雅致的生活，每經過一山，就攜帶一塊石頭回來，積累久了，石頭就成了一座小山，閒暇時舉起酒杯與石頭對飲，每塊石頭敬酒一杯。于慎行也模仿楊巍，但不是收集石頭，而是種植菊花："予慕其事，而無石可澆。山園種菊二十餘本，菊花盛開，無可共飲，獨造花下，每花一種，與酒一杯，自飲一杯，凡酬二十許者，徑醉矣。"此事和米顛拜石的典故有些類似。據說米芾見到一塊奇石，高興地說，這塊石頭值得讓我來拜一下，於是脫去官袍，放下笏板，躬身拜石頭。（宋·葉夢得《石林燕語》卷十）一個人性格奇偉，往往不願與眾人同俗，現實中可能找不到意氣相投的人，就只能與石、與花為友，世俗之人或把這些事看作笑談，但卻不知貌似癲狂的行為背後那種獨立不羈的人格。

圖 2-7　醉後相扶將

飲酒與人生

　　魏晉名士們縱酒放曠，狂誕不羈。《世說新語》說：
"名士不須奇才，但使常得無事，痛飲酒，熟讀《離
騷》，便可稱名士也。" 名士們並非嗜酒之徒，而是用
酒來紓解胸中鬱悶之氣。著名的 "竹林七賢"，"皆崇
尚虛無，輕蔑禮法，縱酒昏酣，遺落世事"（《資治通鑒》
卷七十八）。阮籍為躲避司馬昭的提親，天天喝醉，一連
六十多天，讓提親的人根本沒法開口，最終司馬昭只得
放棄。阮籍又為了能喝酒而去做官："籍聞步兵廚營人

善釀，有儲酒三百斛，乃求為步兵校尉。"（《晉書‧阮籍傳》）阮籍醉酒自保，借酒澆愁，有人說"阮籍胸中壘塊，故須酒澆之"（《世說新語‧任誕》），是為知音之言。如阮籍這般飲酒的名士很多，如劉伶"常乘鹿車，攜一壺酒，使人荷鍤而隨之，謂曰：'死便埋我。'其遺形骸如此"。還自稱："天生劉伶，以酒為名。"他作《酒德頌》，說："止則操卮執觚，動則挈榼提壺，惟酒是務，焉知其餘？"（《晉書‧劉伶傳》）真是把酒提高到了無上的精神境界。名士們以飲酒得其"名"，精神超拔，超凡脫俗，所以同樣嗜酒的詩人李白說："古來聖賢皆寂寞，惟有飲者留其名。"（《將進酒》）

酒令

酒令是中國人喝酒時助興取樂的一種遊戲方式，也是一種緊張有趣的智力遊戲。中國人向來喜歡熱鬧，酒桌上觥籌交錯之時，更是需要一些遊戲來活躍氣氛，正如《紅樓夢》第六十二回中賈寶玉說的："雅座無趣，須要行令才好。"在酒席上，參與者都必須遵守酒令規則，行酒令還要有一位主持者及監督者，譬如《紅樓夢》第四十回中鴛鴦所說："酒令大如軍令，不論尊卑，唯我是主。違了我的話，是要受罰的。"

圖 2-8 蕉林酌酒

酒令有很多形式，如傳花、拍七、猜謎、說笑話、湯匙令、酒牌令、酒籌令等。傳花經常是擊鼓傳花，也有不用擊鼓的。歐陽修在揚州修建了被譽為"淮南第一堂"的平山堂，每到夏天，他就會在凌晨帶客人去遊玩，既避暑又娛樂。他令人摘取荷花千餘朵，分插在數百個盆中，客人圍坐，傳花開始，接到花的人摘取一片葉子，到誰的手中葉子摘完，就要飲酒，大家沉醉遊戲之中，"往往侵夜戴月而歸"（宋·葉夢得《避暑錄話》卷上）。

　　射覆是一種猜謎遊戲，用容器把某物遮蓋住，讓人來猜裏面是何物，這也是古代巫師術士體現其"法力"的一種方式。後來也常作為酒令，用詩文、典故等隱寓某物，讓人來猜，猜者也要用詩文、典故的方式把答案揭示出來，猜錯者喝酒。這是一種歷史非常悠久的酒令方式，但後來使用者漸漸少了。在《紅樓夢》第六十二回中，薛寶釵把射覆稱為"酒令的祖宗"，她說："'射覆'從古有的，如今失了傳。"或許是因為這種酒令難度太大，不是一般人能玩的。

茶酒關係

　　茶之清淡，常與酒肉之奢膩形成對比。魏晉時期，漿酒藿肉，世風奢靡，一些士人就"以茶代酒"，體現的是清雅自然的品格和獨立不羈的操行。唐代顧況的《茶賦》寫道，茶能"滋飯蔬之精素，攻肉食之膻膩；發當暑之清吟，滌通宵之昏寐"。飲茶代表着一種清新自然的高潔趣味，這其實是許多人喜歡飲茶的內在原因："其性精清，其味浩潔，其用滌煩，其功致和。參百品而不混，越眾飲而獨高。"（唐·裴汶《茶述》）

喝茶可以見高雅之情趣。晉代陸納招待謝安，不備酒席，而是倒上一杯清茶，其侄子陸俶以為叔叔招待不周，端上酒菜。客人一走，陸納捉住侄子打了四十大板，認為侄子毀了自己的清譽："汝不能光益父叔，乃復穢我素業邪？"（《晉書·陸納傳》）

敦煌遺書中有一篇《茶酒論》，專論茶酒關係。這篇文章以擬人筆法，讓茶酒互相爭辯，以決高下。茶以自己為"百草之首，萬木之花"，能"貢五侯宅，奉帝王家，時新獻入，一世榮華"；但酒認為"自古至今，茶賤酒貴"，酒的作用更大，"君王飲之，叫呼萬歲；群臣飲之，賜卿無畏。和死定生，神明歆氣"。兩者爭論不已。

歷史中也不乏喜酒厭茶者，或者喜茶厭酒者。釋皎然說："越人遺我剡溪茗，採得金牙爨金鼎。素瓷雪色縹沫香，何似諸仙瓊蕊漿。一飲滌昏寐，情來朗爽滿天地；再飲清我神，忽如飛雨灑輕塵；三飲便得道，何須苦心破煩惱。此物清高世莫知，世人飲酒多自欺。愁看畢卓甕間夜，笑向陶潛籬下時。崔侯啜之意不已，狂歌一曲驚人耳。孰知茶道全爾真，唯有丹丘得如此。"（《〈飲茶歌〉誚崔石使君》）他認為酒不勝茶，但向來喜歡喝酒的李白怕是不會認同："天若不愛酒，酒星不在天。地若不愛酒，地應無酒泉。天地既愛酒，愛酒不愧天。已聞清比聖，復道濁如賢。賢聖既已飲，何必求神仙。三杯通大道，一斗合自然。但得酒中趣，勿為醒者傳。"（《月下獨酌》）

　　在《茶酒論》中，也可以看出茶酒其實各有優點，也各有適宜的人群和場合。茶清淡自然，酒濃烈甘醇，兩者性格各異，又能互補共存。

水村山郭酒旗風：
古代的酒肆

酒肆是城市繁榮之象徵，富貴豪奢之徒往往在此競奢炫富，文人雅士在此飲酒會友，勞動者在此充飢小憩，落魄者在此買醉消愁。

酒肆的起源和發展

酒肆的起源大概是很早的，明代田藝蘅在《留青日劄》中就說："酒肆，自古有之，所云沽酒市脯是也。"《鶡冠子》提到"伊尹酒保"。酒保在古代是受僱賣酒者的意思，伊尹據說是夏末商初的人，他做過酒店的夥計，酒肆有可能在這個時期就出現了。《詩經·伐木》有詩曰："有酒湑我，無酒酤我。" 大意是說，有酒的話就過濾好讓我喝，沒有酒的話就去給我買。可見周代也是有賣酒的酒肆的。

唐人善飲，所以酒樓甚多，城市鄉間，隨處可見。題為杜牧所寫的《清明》詩中就有著名的詩句："借問酒家何處有，牧童遙指杏花村。" 酒家是到處都有的，有的還極其豪華："豪家沽酒長安陌，一旦起樓高百尺。"（唐·韋應物《酒肆行》）

　　宋代酒肆生意空前繁榮，開封、杭州酒館林立。北宋時期的酒肆有官營與私營之分，《東京夢華錄》中提到，汴京城官營酒樓正店有七十二戶以上，正店開設了

圖 2-9　宋代的酒肆

不少分店，稱為"腳店"，數量就更多了。到了明清時期，有關酒館的記載更夥。明代陳仁錫的《無夢園初集》描述蘇州府長洲縣的酒肆："凡縣前酒肆，不啻二十餘家，爭取時鮮肥甘貴味，以供衙門之厭飫。"

清代李汝珍的小說《鏡花緣》中，某個酒館的"粉牌"（酒水單）上，寫着各地名酒：

山西汾酒、江南沛酒、真定煮酒、潮州瀕酒、湖南衡酒、饒州米酒、徽州甲酒、陝西灉酒、湖州潯酒、巴縣咋酒、貴州苗酒、廣西瑤酒、甘肅乾酒、浙江紹興酒、鎮江百花酒、揚州木瓜酒、無錫惠泉酒、蘇州福貞酒、杭州三白酒、直隸東路酒、衛輝明流酒、和州苦露酒、大名滴溜酒、濟寧金波酒、雲南包裹酒、四川潞江酒、湖南砂仁酒、冀州衡水酒、海寧香雪酒、淮安延壽酒、乍浦鬱金酒、海州辣黃酒、樂城羊羔酒、河南柿子酒、泰州枯陳酒、福建浣香酒、茂州鍋疤酒、山西潞安酒、蕪湖五毒酒、成都薛濤酒、山陽陳壇酒、清河雙辣酒、高郵豨薟酒、紹興女兒酒、琉球白酊酒、楚雄府滴酒、貴築縣夾酒、南通州雪酒、嘉興十月白酒、鹽城草豔漿酒、山東榖轆子酒、廣東甕頭春酒、琉球蜜林酊酒、長沙洞庭春色酒、太平府延壽益酒……

一個酒館，竟有如此多品類的酒，實在令人驚歎。雖說是小說，但亦自有依據，說明了明清時期酒館生意的興盛。

酒樓不但數量眾多，有些酒樓規模還很大，如宋代開封的白礬樓（又名樊樓），"乃京師酒肆之甲，飲徒常千餘人"（宋·周密《齊東野語》卷十一）。白礬樓後來改名為豐樂樓，建築也加以改造："宣和間，更修三層相高，五樓相向，各有飛橋欄檻，明暗相通，珠簾繡額，燈燭晃耀。"（宋·孟元老《東京夢華錄》卷二）豐樂樓成了東京繁華的象徵。宋人南渡之後，在西湖邊又新建了一個豐樂樓："樓據西湖之會，千峰連環，一碧萬頃，柳汀花塢，歷歷欄檻間，而遊橈畫艦，棹謳堤唱，往往會合於樓下，為遊覽最。"（宋淳祐《臨安志》卷六）以紀念汴梁那帶不走的繁華。

酒肆的環境

《東京夢華錄》中描繪了北宋開封酒館的華麗和熱鬧："凡京師酒店，門首皆縛彩樓歡門。唯任店入其門，一直主廊約百餘步。南北天井兩廊皆小閣子。向晚，燈燭熒煌，上下相照。""九橋門街市酒店，彩樓相對，繡旆相招，掩翳天日。"酒樓的建築富麗堂皇，場面宏

圖 2–10　酒肆中飲酒場景

大，"必有廳院，廊廡掩映，排列小閣子，吊窗花竹，
各垂簾幕"，如同園林一般。

　　古代的酒肆會懸掛匾額和酒旗作為標誌，尤其是酒
旗，因其懸掛甚高（《韓非子》說某酒家 "為酒甚美，
縣〔懸〕幟甚高"），非常醒目，一直被人看作是酒肆
的象徵。詩歌中就經常出現酒旗的意象："江南一路酒
旗多"（唐·李群玉《江南》）；"水村山郭酒旗風"（唐·
杜牧《江南春絕句》）；"高高酒旗懸江口"（唐·張籍《江
南曲》）；"西風酒旗市，細雨菊花天"（宋·歐陽修《秋
懷》）；"青旗賣酒，山那畔別有人家"（宋·辛棄疾《醜奴

兒近》）；“望中酒斾閃閃，一簇煙村，數行霜樹。殘日下，漁人鳴榔歸去”（宋·柳永《夜半樂》），等等，舉不勝舉。宋代洪邁的《容齋續筆》就說：“今都城與郡縣酒務，及凡鬻酒之肆，皆揭大簾於外，以青白布數幅為之，微者隨其高卑小大，村店或掛瓶瓢，標帚稈。唐人多詠於詩，然其制蓋自古以然矣。”

酒肆中的歌姬

古代許多酒肆，多由女性來賣酒或陪酒。唐代酒家多用“胡姬”，大概是異國風情更能招引酒客們的興致吧。李白好酒，也喜歡美人，所以他的詩歌中有關胡姬的詩句特別多：“胡姬招素手，延客醉金樽”（《送裴十八圖南歸嵩山》）；“胡姬貌如花，當壚笑春風”（《前有樽酒行》）；“落花踏盡遊何處？笑入胡姬酒肆中”（《少年行》）。

宋代之後，歌妓陪酒之風也很盛行，“大酒店娼妓只伴坐而已”（宋·耐得翁《都城紀勝》）。《夢粱錄》中提到南宋時杭州的酒店，“濃妝妓女數十，聚於主廊檐面上，以待酒客呼喚，望之宛如神仙”。但後來酒店逐漸成為風月場所，且漸成風氣。一些官方酒店，把妓女作為賺錢工具，北宋政府貸給農民青苗錢，以支持農事，但在百姓必經的城門口，卻有官府所設立的酒店，妓女從中引誘，百姓買酒尋歡。這樣剛到手的青苗錢還沒帶回家，十之二三又歸於官府。宋代王栐的《燕翼詒謀錄》詳述其事："上散青苗錢於設廳，而置酒肆於譙門。民持錢而出者，誘之使飲，十費其二三矣。又恐其不顧也，則命娼女坐肆作樂，以蠱惑之。小民無知，爭競鬥毆，官不能禁，則又差兵官，列枷杖以彈壓之，名曰'設法賣酒'。"蘇軾對這一做法大為不滿，曾上奏朝廷修正此弊。宋明時期，酒肆中的娼妓之風一直流行，文人和諸多名妓間的風流韻事，多發生在酒樓。後來官方雖有禁令，卻一直難以根絕。

四

卻餐一炷淡巴菰：
抽煙

煙草的傳入

關於中國煙草的起源，向來有多種說法，但比較流行的說法是，煙草在晚明自美洲傳入中國南方，隨後在全國流行開來。明末方以智在《物理小識》中說："淡巴姑，煙草，萬曆末有攜至漳、泉者。"淡巴姑，一名淡巴菰，均是煙草（tobacco）的譯名。

煙草在中國的流行大概與適宜的地理和氣候條件有關，也與種植煙草能帶來較高的經濟收益有關。煙草首先在南方各地種植，後來北方也大範圍種植。明末的楊士聰在《玉堂薈記》中談到："二十年來，北土亦多種之。一畝之收可以敵田十畝，乃至無人不用。"吸食者眾多，種植者能從中獲利，而種植面積的擴大，也會提供更多的煙草，從而造成抽煙人數的增加。清代煙草產業非常興盛，福建是煙草的重要產地，當五六月間新煙上市時，當地"遠商翕集，肩摩踵錯，居積者列肆斂之，懋遷者牽牛以赴之"（清·陳琮《煙草譜》）。

抽煙的風氣

明清時期，社會上形成了抽煙的風氣，上至皇帝貴族，下至販夫走卒，不管男女老少，都喜歡抽煙，"朝夕不能間矣"（明·張介賓《景岳全書》）。這種風氣大致在崇禎年間出現，王逋在《蚓庵瑣語》中說："予兒時尚不識煙為何物，崇禎末，我地（引者按：浙江嘉興）遍處栽種，雖二尺童子，莫不食煙，風俗頓改。"就連兒童也在抽煙，可見當時抽煙風氣之盛。平日出行，抽煙的工具也成了必備的物品："男婦老少，無不手一管，腰一囊。"（清·沈赤然《寒夜叢談》）

抽煙風氣的興起，最主要是與其成癮性有關，一旦吸食，就會慢慢上癮，經常想起，所以煙草又名"相思草"。其次，在抽煙的動機中，模仿往往是很重要的一種。尤其是少年兒童，見成人抽煙，往往進行模仿。在社會上，抽煙有時被看作是一種時髦，人們會加以模仿。

圖 2-11　抽煙的普通百姓

女性抽煙

值得注意的是，在抽煙的群體中，除了兒童之外，還有女性。古代女性抽煙的人數是非常多的。陳琮的《煙草譜》說："吸煙之盛，昉於城市，已而延及鄉村；始於男子，既而漸流閨閣。" 女性的必備物品中，除了化妝盒之外，還必有煙管和煙袋。清人阮葵生在《茶餘客話》中說："雖青閨稚女，銀管錦囊與鏡奩牙尺並陳矣。" 而有些女性，在起床梳洗之後，必先要吸幾袋煙，再去做事：“蘇城風俗，婦女每耽安逸，縉紳之家尤甚。日高，猶有酣寢未起者，簪花理髮，舉動需人，妝畢向午，始出閨房，吸煙草數筒。”（清·金學詩《無所用心齋瑣語》）大概是女性煙槍不離手的緣故，在手忙時，有人竟是“以煙筒插髻”（《廣西通志》），可謂機智。

抽煙的方法

較早時的抽煙方式非常有趣，將煙草放入瓦盆，每人拿一根管子圍着吸食。明代張燮在《東西洋考》中描述說：“煙初入內地時，食者將煙草置瓦盆中，點火燃之，各攜竹管向煙，群聚而吸之，其管不用頭。”場面十分有趣。後來比較流行的抽煙方法有旱煙、水煙、鼻煙、捲煙等。

旱煙是最常見的抽煙方法，旱煙杆也是五花八門，各有特色。清人紀曉嵐因為喜歡旱煙，所以有人稱他為“紀大煙袋”。女性也常使用煙管抽煙，有一首描寫女性長煙槍的詩：“這個長煙袋，妝台放个開。伸時窗子破，鉤進月光來。”（《秋平新語》）

鼻煙最早來自國外，清代開始在宮廷和上層人士中間流行。鼻煙是在研磨細碎的優質煙草末中加入一些名貴藥材，具有一定的藥用價值。《紅樓夢》第五十二回中，睛雯感冒，就聞吸鼻煙以緩解症狀。鼻煙製作精良，非常珍貴，清代曾流傳一句話："黃金易得，高尚鼻煙難求。" 鼻煙成了身份和地位的象徵。清代製作的鼻煙壺，做工精美，技藝高超，也慢慢成為一種獨特的藝術品，士大夫和達官顯貴們常以此作為互相饋贈的禮品。普通階層也模仿上層，吸聞鼻煙，一時成為社會風尚。清代沈豫在《秋陰雜記》中說："鼻煙壺起於本朝，其始，止行八旗並士大夫，今日販夫牧豎，無不握此。"

紙煙是在晚清通商之後由國外傳入的："原廣東通商最早，得洋氣在先，類多效泰西所為。嘗以紙捲煙葉，銜於口吸食之。"（清·張燾《津門雜記》）紙捲煙因其攜帶和吸食方便，很快流行起來。初期多是進口紙煙，或是由外資在華的捲煙廠生產，紙煙的銷售數量極速增長。1902 年，美國煙草商在華的銷量是 12.5 億支，1912 年為 97.5 億支，到了 1916 年，達到 120 億支。（〔美〕高家龍〔Sherman Cochran〕《中國的大企業——煙草工業中的中外競爭〔1890—1930〕》）

抽煙表演

抽煙也能作為表演項目。有人專業從事這種表演，表演者能吐出神仙、人物、動物、山水、樓閣等形象。

清代署名破額山人的《夜航船》曾詳細描述了吐煙表演的過程：

吃煙者，於青布袋中，取出煙筒，頭狀類熨斗，大小如之；又取出梗子，狀類扛棒，長短如之。以頭套梗，索高黃煙四五斤，裝實頭內，燃火狂呼，急請垂簾墐戶，客皆從對照，隔簾觀之。見雲氣瀹然，奇態層出，樓台城郭，人物橋梁，隱然蓬萊海市也；琪花瑤草，異鳥珍禽，宛然蕊珠閬苑也；魚龍鮫鱷，噴濤噢露，恍然重洋絕島也。俄而炮焰怒發，千軍萬馬，破陣而至，玉山銀海，顛倒迷離。

實在令人歎為觀止。

抽煙的效用

抽煙有多種功能，清代陳琮的《煙草譜》說，抽煙"可以遣寂除煩"、"可以遠避睡魔"、"可以佐歡解渴"等。綜合來說，抽煙的用途大致可以包括以下幾種：祛病除疫、遣寂除煩、遠避睡魔、人情交往等。

抽煙最早有醫療保健的作用，古人認為其有"療百疾"的效用，能"鬪瘴"、祛邪，防疫病和寒疾。王逋

《蚓庵瑣語》載："邊上人寒疾，非此不治，關外人至以馬匹易煙一斤。"可能是抽煙令人興奮，稍能起到緩解疾病或疼痛的作用。福建多種方志均說"吸其煙，令人微醉，云可闢瘴"，大概就是這個道理。

抽煙多少能緩解人的愁悶與無聊，茶酒亦有此功能，但煙有時卻有茶酒所不及的效用。清人全祖望在《淡巴菰賦》中說："將以解憂則有酒，將以消渴則有茶。鼎足者誰？菰材最佳。"茶淡酒濃，而香煙更能讓人閒適自得，僅僅看着煙霧繚繞的景象，就會讓人有超脫之感，煙確有茶酒所不具的效果。清代沈李龍的《食物本草會纂》說："普天之下，好飲煙者無分貴賤，無分男婦，用以代茗代酒，刻不能少，終身不厭。"朱自清在《談抽煙》一文中也有一段很妙的話："抽煙說不上是什麼味道；勉強說，也許有點兒苦吧。但抽煙的不稀罕那'苦'而稀罕那'有點兒'。他的嘴太悶了，或者太閒了，就要這麼點兒來湊個熱鬧，讓他覺得嘴還是他的。"

抽煙能提振精神，使人集中注意力，所以《煙草譜》說抽煙"可以遠避睡魔"。同時，抽煙也是人情交往的重要方式。交際場合，互遞香煙，頗能拉近彼此的距離。城市中也有許多煙草舖供人們購買和消費，清代廣西有"大市煙鋪三二十間，中市、小市亦十餘間、五六間。大鋪用工人三二十，中鋪、小鋪亦不減十餘或七八"（清·吳英《策書》）。
雖說西南抽煙風氣很盛，但
廣西地處偏遠，城市規模有
限，竟然有如此紅火的煙草
市場，其他城市可見一斑。
城市除了專門出售煙草的舖

圖 2-12　香煙廣告

子，還有一些專門供抽煙的煙館。《煙草譜》記載："市
井間設小桌子，列煙具及清水一碗，凡來食者，吸煙畢
即以清水漱口，投錢桌上而去。"雖說條件簡單，但能
滿足煙民的需要。

　　煙草逐漸成為大眾休閒生活中不可或缺的物品。
《煙草譜》說："開門七件事，今則增煙而八矣。"雖略
誇張，但確屬實情。清代女性沈彩在一首詩中寫道："欲
不食人間煙火，卻餐一炷淡巴菰。"（《食煙草自哂》）

鴉片

　　鴉片與香煙雖有些相似，但性質完全不同。晚清
時期，英國人把鴉片帶入中國，鴉片有藥用功效，時稱
"洋藥"或"阿芙蓉"，但卻有極強的成癮性和毒性，長
期吸食會讓人筋鬆骨軟，精神萎靡，與傳統煙草完全不
同，對人的危害遠甚於煙草之類。如近代山西文人劉大

鵬在 1892 年寫的《鴉片煙說》中談到："當今之世，城鎮村莊盡為賣煙館，窮鄉僻壤多是吸煙人。約略計之，吸之者十之七八，不吸者十之二三……吾見吸煙之人，形容枯槁，面目黧黑，坐則懶起怠惰，動則長籲短歎。"

鴉片很快就在中國流行開來，1872 年上海就有煙館一千七百多家，遍佈大街小巷。鴉片流行之後，煙館成為很重要的娛樂、交際場所，各個煙館裝飾豪華，以招徠顧客：

上海一區，爭奇鬥麗。即如煙館一事，眠雲閣之華麗，醉樂居之雅潔，南誠信、蓬萊閣之冠冕堂皇，每遇九秋節，堆菊山，使山林隱逸之花，遍於廛市。吉祥街公泰來者，又煙茶不索值，以邀主顧。茲交冬令，三徑就荒矣，又換堆果山，如橘柚柑橙，一似菊山排列，再於枝頭繫以像生之飛鳴食宿，綴以燈火。光怪陸離，炫人心目。（《申報》1873 年 12 月 29 日）

1881 年，江蘇文人鄒弢描述當時的情形："自外夷通商，而阿國芙蓉膏流毒殆遍中國，近更有加無已，幾於家置一燈，至有婦女亦嗜此者。"（《三借廬筆談》）鴉片流毒蔓延，激起了中國人的禁煙運動，這是我們所熟知的歷史大事件。

第三章

姿態：形體、感覺與時尚

人們對身體的修飾打扮，也是日常生活的重要組成部分。對身體美的看法，是人類審美文化的重要內容。人們會在身體的妝飾打扮上花費大量的時間和金錢，身體之美也會給自己和別人帶來無窮的愉悅。人們用以打扮身體的各種用品，如服裝、飾品等，也在歷史中體現出不同的標準和特點。人們對待身體的方式，如下文中所提到的搔癢與沐浴等，也都包含着豐富的文化內涵和美學意蘊。這些變化形成了所謂時代風尚。時尚總是在變化之中，主導時尚變化的因素很多，諸如歷史、文化、宗教、階層、經濟因素等。所有這些因素的變化，都會引起時尚內容的變化。

短長肥瘦各有態：
古代的身體美學

身體美的標準

遠古時代，人類關於身體美的看法偏於功能性，以符合生殖繁衍功能者為美，所以豐乳肥臀的女性人體，被視為是最美的。到了文明時期，逐漸開始拋開功利和實用目的，看中身體的形態和比例。

環肥燕瘦，包含着審美標準的時代性和地域性特徵。"楚王好細腰，宮中多餓死。"（《後漢書·馬援傳》）楚地以苗條輕柔為美的風氣傳到漢朝宮廷，體態輕盈的趙飛燕受寵於漢成帝，張衡的《西京賦》就說："飛燕寵於體輕。"而歷史上流傳的唐代以豐腴為美的說法，雖不是唐代身體審美的唯一標準，但也多少反映了唐人對於身體美的看法。有人說李唐家族具有胡人血統，就連豐滿白皙的楊玉環，也有學者認為她是胡人。唐代畫

圖 3-1　盛唐簪花仕女

家周昉所作的《簪花仕女圖》，以及詩詞、書畫、雕塑、陶俑等藝術作品，其中的美人都是豐腴圓潤的。不同的時代，具有不同的審美風尚，難說孰高孰下，所以蘇軾說：「杜陵評書貴瘦硬，此論未公吾不憑。短長肥瘦各有態，玉環飛燕誰敢憎。」（《孫莘老求墨妙亭詩》）

　　身體美的標準也有文化性和民族性。如西方自古希臘時期就以裸體為美，認為裸體是美的典範，西方藝術史中以裸體為形象的作品隨處可見。而中國文化強調含蓄，注重道德，不去突顯肉體之美。身體的美，尤其是女性的身體，往往是通過飄逸優美的服飾來表現的。

圖 3-2　唐代宮中體態豐腴的女子

圖 3-3　盛唐 "以胖為美" 的形象體現

以白為美

　　中國人對於人體的審美，首重膚色白皙。李漁在《閒情偶寄》中說："婦人嫵媚多端，畢竟以色為主。《詩》不云乎'素以為絢兮'？素者，白也。婦人本質，惟白最難。常有眉目口齒般般入畫，而缺陷獨在肌膚者。"俗語也說："一白遮百醜。"為何以白為美呢？

圖3-4　貴妃上馬

審美的標準有時與實用功能相對立，白皙的皮膚表明此人是遠離勞動的，一個常年在田間勞作的女子，是無法保持皮膚白皙的。強調以白為美，也是在強調個人的身份與地位。有資格保持皮膚雪白的，在古代非富即貴，很難是貧賤之人。中國重視美白的審美傳統起源很早，《詩經·衛風·碩人》描寫衛莊公夫人莊姜之美："手如柔荑，膚如凝脂，領如蝤蠐，齒如瓠犀，螓首蛾眉。巧笑倩兮，美目盼兮。" 其中凝脂和蝤蠐的比喻，都在強調其白皙。

歷來描寫美人，都注重白的特徵。司馬相如《美人賦》說"柔滑如脂"；李白《越女詞》說"吳兒多白皙，好為蕩舟劇"，"鏡湖水如月，耶溪女似雪"。五代時人孫光憲的《浣溪沙》寫美人："碧玉衣裳白玉人，翠眉紅臉小腰身。" 凝脂、雪、白玉等意象，都是對白的強調。唐代詩人還用一種特別的意象來指代美人之白，那就是梨花。李白《宮中行樂詞》描寫楊貴妃："柳色黃金嫩，梨花白雪香。" 白居易《長恨歌》也用梨花指代楊貴妃："玉容寂寞淚闌干，梨花一枝春帶雨。" 元稹也用梨花描寫崔鶯鶯，《離思》曰："尋常百種花齊發，偏摘梨花與白人。" 而其《白衣裳》寫道："雨濕輕塵隔院香，玉人初着白衣裳。半含惆悵閑看繡，一朵梨花壓象床。" 用梨花描寫皮膚，說明膚色非常之白。陳寅

圖 3-5　宮女與兒童

恪由此認為楊貴妃、崔鶯鶯皮膚太過於白皙，懷疑二人均非漢族，而是中亞胡人。

白妝文化

自身皮膚不白的人，只能通過化妝來美白，由此形成了白妝文化。先秦時期，就已經非常流行使用鉛和米粉所製作的白粉化妝，除了臉部，也會塗抹頸部、胸部、手臂等部位。六朝時期，粉中加入了其他顏色，但白粉一直是主流。《楚辭·大招》說"粉白黛黑"；宋玉《登徒子好色賦》說東家之子"着粉則太白"，都說明女性普遍塗粉美容。《戰國策》記載女子之美："彼鄭、周之女，粉白黛黑，立於衢閭，非知而見之者，以為神。"也是強調其粉白的特徵，意思是說化妝之後的美女，簡直如神女下凡一般。

最美的乃是天生麗質的美人，不施粉黛而膚色白皙。如楊玉環的姐姐虢國夫人，她雖然每月有不菲的脂粉錢，但卻從不施妝，就連去見皇帝也只是"淡掃蛾眉"而已："虢國夫人承主恩，平明騎馬入宮門。卻嫌脂粉污顏色，淡掃蛾眉朝至尊。"（唐·張祜《集靈台》；一說為杜甫作）返璞歸真的美人展現的是真正的自信。

不但女人追求美白，有時就連男子也是如此。魏

圖 3-6　對鏡理容妝

晉時期，男性也流行以粉敷面，有女性化傾向。貴族子
弟"熏衣剃面，傅粉施朱"（《顏氏家訓》），成為潮流。
就連皇帝也塗粉，"或袒露形體，塗傅粉黛"（《北齊書》
卷四）。名士何晏服食寒食散後，皮膚雪白，有"傅粉
何郎"之稱。但也有資料說，何晏本身就很白。《荊楚
歲時記》引《魏氏春秋》說："何晏以伏日食湯餅，取
巾拭汗，面色皎然，乃知非傅粉。"湯餅類於今日麵片
湯之類，是古代十分流行的一種麵點美食，麵皮又薄又
有韌性，"弱如春綿，白如秋練"。湯餅做成之後味道

十分鮮美，"氣勃鬱以揚布，香飛散而遠遍"（晉・束皙《餅賦》）。這樣的美食自然令何晏欲罷不能，吃起來不再講究儀態，大汗淋漓，擦拭之後，卻仍舊白皙如常，可見是真本色。

審美標準有其時代性，並非所有時期都流行白妝。在遼、金、元時期，北方女性就流行"佛妝"，顧名思義，大概是臉部塗抹成如佛像一般的金黃色，並以此為美。南方人初見這種妝容，大吃一驚，並不以為美："有女夭夭稱細娘，真珠絡髻面塗黃。華人怪見疑為瘴，墨吏矜誇是佛妝。"（宋・彭汝礪《婦人面塗黃而吏告以為瘴疾問云謂佛妝也》）"細娘"是當時對於美女之稱呼，清人嚴繩孫的《西神脞說》解釋道："遼時燕俗，婦人有顏色者目為細娘，面塗黃，為佛妝。"為什

圖3-7　紅葉題詩

麼塗抹黃色東西呢？因為北方冬天天氣乾燥寒冷，風沙很大，在這樣的環境中，女性的皮膚很難保養。於是，她們就在冬天用一種叫做栝樓（栝蔞）的植物，搗碎後用來塗面，栝樓為黃色，塗抹面部之後，就如同佛像所塗金粉一般，故此稱為“佛妝”。冬天開始塗抹，只塗不洗，一直到春暖時節才洗掉，“久不為風日所侵，故潔白如玉也”（宋·莊綽《雞肋編》卷上）。栝樓本就可入藥，有“悅澤人面”（宋·唐慎微《證類本草》）、“療手面皺”（《日華子本草》）等功能，算是古代的一種藥妝類護膚品。

楚腰纖細掌中輕：
肚子的審美

身體部位的審美

在中國的身體美學中，對於各個身體部位，如臉、鼻、眉毛、皮膚、手指、腳等，都有一些審美標準。多數身體部位難以憑借後天的干預而改變，美人必定是天生的，不像今日有發達的美容術，從而令假美人滿天飛。在古代大概只有一個身體部位是例外，可以通過某種方式來改變，那就是肚子。

中國人喜歡美食，但貪吃的後果往往就是肥胖，肥胖之後最招眼的恐怕就是肚子了。肚子向來沒有什麼好名聲。古人對於人體的諸多部位都有讚美誇飾之詞，但唯獨對肚子，卻極少着墨稱讚。就算是在公認的追求以胖為美的唐代，對於凸出的肚子也甚少誇耀。其實，初唐時期社會風氣開放，時人追求以豐腴為美，但實則他們欣賞的是珠圓玉潤、豐乳肥臀之碩美，而非大腹便便之肥胖。

唐代最有名的胖子是安祿山，《舊唐書》說："（安祿山）晚年益肥壯，腹垂過膝，重三百三十斤，每行以肩膊左右抬挽其身，方能移步。至玄宗前，作胡旋舞，疾如風焉。"一副惡心滑稽、趨炎附勢的小人形象。其中，肚子最顯醜態。

美人的細腰

其實，初唐對胖的追求並沒有持續太久，中唐時期就從"環肥"回歸"燕瘦"了。對纖瘦形體的描繪，主要聚焦於腰上。美人的標誌就是"細腰"，"細腰"也就是沒有肚子。《韓非子·二柄》記載："楚靈王好細腰，而國中多餓人。""細腰"成了苗條美人的代稱，楚靈王的離宮被稱為"細腰宮"。這一源於南方楚地以瘦為美的風尚曾在漢代大為流行，因此才會出現"燕瘦"之說。身輕如燕的趙飛燕因體型清瘦苗條而得寵，一時仿效者如雲。

中唐之後，苗條重新成了美人的追求。在文人墨客的詩作中，處處充滿着"細腰"、"楚腰"、"小腰身"等詞彙。唐代詩人元稹在《和樂天示楊瓊》中回憶年輕時見到美女楊瓊的情景：“我在江陵少年日，知有楊瓊初喚出。腰身瘦小歌圓緊，依約年應十六七。”

楊瓊最主要的特徵就是“腰身瘦小”，時光荏苒，美人遲暮，詩人喟歎道：“汝今無復小腰身，不似江陵時好女。”美與不美，談的都是腰。杜牧著名的《遣懷》詩曰：“落魄江湖載酒行，楚腰纖細掌中輕。十年一覺揚州夢，贏得青樓薄倖名。”

“十年一覺”之中，江南美人給詩人留下的最深印象，只是“細腰”而已。

在“人比黃花瘦”的宋代，細腰更是成了女性之美的主要標誌。柳永筆下的“意中人”似這般風韻：“世間尤物意中人。輕細好腰身。香幃睡起，發妝酒釅，紅臉杏花春。”（《少年遊》）

再看宋人洪瑹筆下的美人：“楚楚精神，楊柳腰身。是風流，天上飛瓊。凌波微步，羅襪生塵。有許多嬌，許多韻，許多情。”（《行香子·代贈》）

楊柳細腰，最能彰顯風情萬種之情態。宋人趙長卿的《南鄉子》這樣描寫：“楚楚窄衣裳，腰身佔卻，多少風光。共說春來春去事，淒涼。懶對菱花暈曉妝。”細細的腰身，佔去了美人絕大部分的風光。

宋代詩詞中把對細腰的描寫推向極致的是姜特立的《朝中措·送人》：“十分天賦好精神，宮樣小腰身。迷卻陽城下蔡，未饒宋玉東鄰。"用典明顯來自宋玉的《登徒子好色賦》：

天下之佳人莫若楚國，楚國之麗者莫若臣里，臣里之美者莫若臣東家之子。東家之子，增之一分則太長，減之一分則太短；着粉則太白，施朱則太赤；眉如翠羽，肌如白雪，腰如束素，齒如含貝。嫣然一笑，惑陽城，迷下蔡。

《登徒子好色賦》是中國古代文學描寫美人的絕妙之作，儘管點睛之處在於用"增之一分則太長，減之一分則太短"的間接描寫來引發讀者無窮的想像，但這段文字卻並不是完全使用"虛筆"，畢竟還是具體寫到了"東家之子"的皮膚、眉毛、腰、牙齒等身體部位。而姜詞則盡棄其他特點，但取"小腰身"，並稱此美女同樣"惑陽城，迷下蔡"，美貌完全不輸於"東家之子"——"未饒宋玉東鄰"。整體而言，或可說姜詞較之《登徒子好色賦》有所遜色，但詩人抓住"小腰身"的特點，也算是化繁為簡，各領風騷。

各個時代描寫"細腰"的詩歌所在多有，近代的女英雄秋瑾在《分韻賦柳》中也寫道："獨向東風舞楚腰，為誰顰恨為誰嬌？"女中豪傑在風雲激蕩之際，也懷有平凡女性追求美麗的細膩心思。

　　"細腰"看來是歷代美人的主要特徵，"細腰"的反面就是肚滿腰圓。肚子必須隱退，美麗才能出場。

肚子與文化

　　用審美的眼光看，肚子不惟不美觀，有人甚至認為它簡直就是多餘。李漁在《閒情偶寄》中曾說：

　　吾觀人之一身，眼耳鼻舌，手足軀骸，件件都不可少。其盡可不設而必欲賦之，遂為萬古生人之累者，獨是口腹二物。口腹具而生計繁矣，生計繁而詐偽奸險之事出矣，詐偽奸險之事出，而五刑不得不設。君不能施其愛育，親不能遂其恩私，造物好生而亦不能不逆行其志者，皆當日賦形不善，多此二物之累也……乃既生以口腹，又復多其嗜欲，使如溪壑之不可厭；多其嗜欲，又復洞其底裏，使如江海之不可填。以致人之一生，竭五官百骸之力，供一物之所耗而不足哉！吾反覆推詳，不能不於造物是咎。亦知造物於此，未嘗不自悔其非，但以制定難移，只得終遂其過。甚矣，作法慎初，不可草草定制。

　　李漁大意是說，人的各個器官都不可少，唯獨口、腹二物乃是多餘的。有了口腹，人就必須要將其填飽，遂導致了世間諸多"詐偽奸險之事"。世無寧日，根源在此。口、腹二物的來源，要追究到造物主頭上，而造物主當初造人之時過於草率，草草定制，今日已然後悔，但人類已經成形，難以改變。

　　李漁這位對於感性生活有着極高鑒賞能力的士大夫，難得對於口、腹這兩個重要的感性器官有如此深刻之"批判"。但是，其中暗含的邏輯還是有問題的。口腹的"嗜欲"，並不是僅僅為了它自己，而是為了整個身體。吃飯明明是人體共同的需求，卻說是"填飽肚子"。餓肚子時明明各個器官都不舒服，卻說成"肚子在咕嚕叫"，好像吃飯只是肚子的貪婪無度。肚子仍是壞名聲的承擔者。

　　告子說："食、色，性也。"（《孟子·告子上》）雖說食、色都是本性，但兩者的性質和重要性還是不同的。就像魯迅先生所說："食慾是保存自己，保存現在生命的事；性慾是保存後裔，保存永久生命的事。"（《我們現在怎樣做父親》）性是為了延續集體生命，食則是為了延續個體生命。從重要性來說，食對個人來說顯得比性更為重要。古希臘哲學家伊壁鳩魯把人的需求分為三類：第一類是"既自然又必要的需求"；第二類是

圖3-8　吳昌碩納涼

"雖自然但並非必要的需求"；第三類是"既不自然又不必要的需求"。性的需求屬於第二類，而食的需求屬於第一類。(叔本華《人生智慧箴言》)

　　所以說，肚子絕非是"多餘"的，肚子的問題關係的是人類的最根本問題。林語堂談到，中國人智慧的主要表現之一便是注重飲食的文化和吃飯的藝術："洞燭人類天性的中國人，他們不拿爭論去對簿公庭，卻解決於筵席之上。他們不但是在杯酒之間去解決紛爭，而且也可用來防止紛爭。在中國，我們常設宴以聯歡。""當肚子好着的時候，一切事物也都好了。"(《生活的藝術》)

　　而李澤厚直接把中國的哲學特質歸結為"吃飯的哲學"。可見肚子的問題非同小可。看起來簡單的肚子，說起來卻有無窮的話題。當它消失時，你感覺不到它的缺席；但當它出現的時候，卻能給人帶來很多煩惱。世間的很多事物，豈不都是如此？

似倩麻姑癢處搔：
虱子、搔癢及其雅致化

癢的問題

　　搔癢，看似小事，實則對生活舒適度的影響很大。在古代社會，衛生條件相對落後，虱子橫行，而沐浴並非人人都能享用，也非天天所敢奢望。不管男女老幼，還是帝王將相，個人衛生狀況一定不甚理想。癢，恐怕就成了每個人經常遇到的尷尬。

　　癢，大概也是人很難忍受的感覺之一。據說，古代最殘酷的刑法還不是"殺千刀"之類殘害肉體的刑罰，而是"笑刑"：在腳底抹上蜂蜜，讓羊來舔，人會奇癢難忍，大笑而死。余華小說《現實一種》中就有類似的情節，讀來令人毛骨悚然。蘇東坡說："'處貧賤易，耐富貴難；安勞苦易，安閒散難；忍痛易，忍癢難。' 人能安閒散、耐富貴、忍癢，真有道之士也。"（《俚語說》）真可算是深得三昧之語。

古人為了解決搔癢問題，真是費盡苦心。比如說如意，據傳它的起源是兵器，黃帝曾以此戰蚩尤。也有人認為如意最早是一種佛具，用來記錄經文，後來變為祥瑞、闢邪的器具。但如意落入民間，高大上的出身變成了“癢癢撓”，又名“搔杖”，還有一個絕妙的稱呼是“不求人”。背部大癢，自己雙手難以抓到，必須要求助於他人，唐杜甫詩曰：“令兒快搔背，脫我頭上簪。”（《阻雨不得歸瀼西甘林》）就寫出了求人抓癢有如救命一般的迫切心情。但有了如意之後，就能自己自在地搔癢，不再求人，樂何如之！

捫虱而談

癢經常是因為虱子。古代衛生條件落後，虱子很多。瘙癢難忍時，就當眾捉虱子，也不以為尷尬，人人如此，大家也就見怪不怪了。魏晉時期的王猛，年少好學，胸有大志，不拘小節，有朋友來拜訪，披着衣服與朋友見面，“一面談當世之事，捫虱而言，旁若無人”（《晉書·王猛傳》）。之後，“捫虱而談”似乎成了一個雅致的詞彙，用以形容志同道合的朋友之間談興十足的情景。魯迅在其名篇《魏晉風度及文章與藥及酒之關係》

中就說：「『捫虱而談』，當時竟傳為美事。」

「捫虱而談」後來成為一個特別的典故，歷代詩文中使用的例子很多。李白的詩中有「披雲睹青天，捫虱話良圖」（《贈韋秘書子春》）之句；蘇軾《和王斿》詩中寫道：「聞道騎鯨遊汗漫，憶嘗捫虱話悲辛。」白日無聊，邊曬太陽邊捉虱子，也是快意之事：「負暄不可獻，捫虱坐清晝。」（宋・黃庭堅《次韻師厚病間》）有時捉虱子後睡個午覺，也算是一種享受：「白晝捫虱眠，清風滿高樹。」（元・揭傒斯《題牧羊圖》）現代人也使用這一典故，實際上已經不再捉虱子，但取其寓意罷了。周恩來的一首詩中就寫道：「捫虱傾談驚四座，持螯下酒話當年。」（《送蓬仙兄返里有感》）也有人以「捫虱」作為書名，大概取閒適、不拘之意，如宋代陳善寫有《捫虱新話》，今人欒保群有《捫虱談鬼錄》等。

麻姑的指爪

如上所說，搔癢時有了如意可以「不求人」，但如意不在手邊的時候怕還是要求人的，而且有些時候，人比如意撓起來更舒服。所以有些人臆想到了美人，後背瘙癢難耐，如有美人用細指甲來抓一番，真應是無上美妙的享受。這種想像大概是男人們的一種審美意象與性幻想的奇妙結合，而這一想像還與一位女神聯繫在了一起。

古代傳說中，有一位叫麻姑的神仙，有次臨降到一個名叫蔡經的人的家裏。麻姑年紀大約十八九歲，長得漂亮，衣着光彩耀目，卻自稱已經見過東海三次變為桑田，可見年歲已經很高。如此高齡卻又如此美貌，這也是後來民間把麻姑作為長壽標誌的原因。麻姑會施展法術，手段高超。麻姑手指細長，似"鳥爪"，蔡經看到之後心裏想，如果背癢時，能用此手抓背，那該是多美妙的一種享受啊。豈料他剛有這一念頭，就被麻姑發覺，於是只見有鞭子抽打蔡經，但卻看不到持鞭的人。有的資料記載得更為血腥，說此刻蔡經倒地，兩眼流血，頗類似恐怖電影的場景。此傳說散見於《列異傳》、東晉葛洪《神仙傳》等文獻。唐代書法家顏真卿的著名書法作品《有唐撫州南城縣麻姑山仙壇記》所記甚詳。

關於麻姑形貌的記載，除了強調其年輕貌美之外，尤其突出描寫的就是她的手，纖細修長，貌似"鳥爪"。古人對於美人之手的讚美，大致集中在四個標準上：白、柔、細、尖。《孔雀東南飛》就提到焦仲卿妻劉氏"指如削蔥根"，周邦彥的《少年遊》也有"纖指破新橙"的句子，都是在說美人的手又尖又細。按照這個標準，麻姑的鳥爪肯定就是最美的手了。除了麻姑，古代詩文

圖 3-9　麻姑獻壽

中還常提到一位手指細長的美人，就是耿先生。耿先生大概是五代時期的一位女道士，長得漂亮，且手指非常長："手如鳥爪，不便於用，飲食皆仰於人。復不喜行，宮中常使人抱持之。"（宋·吳淑《江淮異人錄》）手指細長得都難以吃飯，不由讓人想起李漁在《閒情偶寄》中提到的那位腳小得無法走路，行動都要依仗別人抱着的"抱小姐"了。美的極致，竟然成了病態。

麻姑搔癢的典故

　　搔癢雖說可以公開進行，但請別人來搔癢，畢竟是親近之人才能代勞。看見美女的男人，幻想用美女的鳥爪為自己扒背，這一想法其實就包含着性的幻想。就像窮酸書生會在夜晚幻想狐狸精變作美女來陪伴自己一樣，這種想法的普遍性可以從古代諸多的狐仙故事中體現出來。搔癢問題和指甲、美女、性幻想等因素結合起來，就奇妙地組合成了"麻姑搔癢"的典故。

　　麻姑成了很多詩文的母題，比如滄海桑田、長壽等，但歷代男性詩人們很喜歡用的一個典故就是麻姑搔癢。如喜歡描寫美女，詩中"十句九句言婦人酒耳"（王安石語，見宋·惠洪《冷齋夜話》卷五）的李白就寫道："明星玉女備灑掃，麻姑搔背指爪輕。"（《西嶽雲台歌送丹丘子》）其他的例子所在多有，如"杜詩韓筆愁來讀，似倩麻姑癢處搔"（唐·杜牧《讀韓杜集》），"直遣麻姑與搔背，可能留命待桑田"（唐·李商隱《海上》）。清人孔尚任《桃花扇·會獄》中有句話："只愁今夜裏，少一個長爪麻姑搔背眠。"直把性幻想推向了極致。也有人提醒要注意教訓，不要一見到美女的細甲，就聯想起搔背。宋代蘇轍《贈吳子野道人》詩就說："道成若見王方平，背癢莫念麻姑爪。"

這一主題在近現代的詩作中也不斷出現，如蔡元培的《書紈扇詩》（1895 年 5 月 10 日）中就有這樣的詩句："能妊石笥文心古，最惜麻姑指爪長。"陳寅恪有一首詩也說："願比麻姑長指爪，儻能搔着杜司勳。"（《甲午春朱叟自杭州寄示觀新排長生殿傳奇詩因亦賦答絕句五首近戲撰論再生緣一文故詩語牽連及之也》〔1954 年〕）還有個有趣的例子是，胡適讀書時期第一次造訪女宿舍後，給任鴻雋的一首詩中寫道："何必麻姑為搔背，應有洪崖笑拍肩。""拍洪崖肩"是著名典故，大致是修仙成道的意思。晉人郭璞《遊仙詩》就說："左挹浮丘袖，右拍洪崖肩。"胡適去了女生宿舍，看到女生，似乎性幻想有些萌動，於是趕緊提醒自己，不要看到美女就想着搔背，應該向洪崖先生看齊，努力修煉讀書，活脫脫一幅青春期男生的心理畫像。

四

溫泉水滑洗凝脂：
古人的沐浴

沐浴和洗澡

　　沐浴大概是人類休閒生活中最令人愜意的享受了。古人對於沐浴頗為講究，也分得很細，按照東漢許慎《說文解字》的說法："沐，濯髮也"；"浴，灑身也"；"洗，灑足也"；"澡，灑手也"。"灑"古代同"洗"字。即是說，沐為洗頭，浴為洗身，洗為洗腳，澡為洗手。後來常用沐浴或洗澡來作為統稱。今人以"洗"字代稱其他幾種動作，較之古人顯得相當不雅致。殊不知雅致生活就在繁瑣與細節之中。

　　沐浴源起於實用目的，出於清潔身體的需要，後來慢慢與禮儀、宗教、休閒等結合在一起，形成了中國獨特的沐浴文化。西周時期形成了完善的沐浴禮儀，沐浴不再僅僅是清潔身體，而是被賦予了禮制和宗教的功能。祭祀之前必須齋戒沐浴，以示虔敬。"孔子沐浴而朝"（《論語‧憲問》），朝見天子亦先要沐浴，這種禮儀後來成了一種制度。周朝在王畿以內建立"湯沐邑"，賜予朝見的諸侯，供他們在那裏住宿和齋戒沐浴。

沐浴與民俗

沐浴是民間習俗的重要組成部分，如嬰兒新生三天時，要進行"洗三朝"的儀式。其他民族亦有類似的浴

圖 3-10　嬰兒沐浴

圖 3-11　貴妃出浴

嬰禮，最為人熟知的就是基督教為新生兒所進行的"洗禮"。中國古代最有名的關於"洗三"的故事，是一齣歷史鬧劇。楊貴妃認安祿山為乾兒子，在安祿山當年生日後的第三天，"以錦繡為大襁褓，裹祿山"，做"洗兒"儀式。當時唐玄宗恰好從旁走過，聽到笑聲，問明緣由，不怒反喜，且"贈貴妃洗兒金銀錢，復厚賜祿山"。（《資治通鑒》卷二百一十六）"洗兒"儀式成了安祿山受寵的轉折與標誌。

又如婦女多在六月初六日沐髮，民間認為此日洗頭髮可令頭髮不膩不垢。動物家畜，如騾馬、貓、狗之類，亦在此日"沐於河"。（清·潘榮陛《帝京歲時紀勝》）

沐浴還是一種待客禮儀。《儀禮·聘禮》稱："管人為客，三日具沐，五日具浴。"招待客人，需要提供能三日洗頭、五日洗澡的條件。"三日具沐，五日具浴"後來也成為一種慣例，漢代給官員每五日放假一天，就是讓他們能夠有時間去洗澡。《初學記》云："漢律：吏五日得一下沐，言休息以洗沐也。""休沐"也成了中國古代較早的放假制度。

沐浴與生活

從功能上來說，沐浴更主要是人們休閒養生的一種方式。古人對於洗澡十分講究，如《禮記‧玉藻》提到：「浴用二巾，上絺下綌。出杅，履蒯席。連用湯，履蒲席。衣布晞身，乃屨，進飲。」

洗浴後擦拭身體要準備兩種毛巾，上身使用一種細葛布做成的毛巾，下身使用一種粗葛布做成的毛巾。出浴盆之後，先站在蒯草席上，用水沖洗，再站在蒲草席上，擦乾身體，穿上鞋子，然後再補充水分。這一過程含有儀式的意味，十分考究和細緻。

又如《宋史》所記載的北宋名臣蒲宗孟，洗浴花樣繁多：「常日盥潔，有小洗面、大洗面、小濯足、大濯足、小大澡浴之別。每用婢子數人，一浴至湯五斛。」講究得實在有些過分。

但在一般人的生活中，洗浴是清新舒適的放鬆方式。白居易的《新沐浴》大概是古代詩文中描述沐浴感受最為優美的文字了：「形適外無恙，心恬內無憂。夜來新沐浴，肌發舒且柔。寬裁夾烏帽，厚絮長白裘。裘溫裹我足，帽暖覆我頭。先進酒一盃，次舉粥一甌。半酣半飽時，四體春悠悠。」

沐浴與養生

古人對於洗浴的講究，還和一個因素有關，那就是養生。"頭有創則沐，身有瘍則浴"（《禮記‧曲禮》），沐浴可用來治療，古代流行泡溫泉，就是出於養生治療的原因。雖說洗浴對身體有好處，但對古代的養生家來說，洗浴也有很多講究和禁忌，不掌握時間和場合，反而對身體有害。李漁就提到有養生家認為洗浴會"衝散元神"（《閒情偶寄》），尤其是在體溫與水溫冷熱相差較大時，危害尤大。所以李漁專門細緻地描述了洗澡時該如何避免溫差：在解衣脫帽之時，"先調水性，使之略帶溫和，由腹及胸，由胸及背，惟其溫而緩也，則有水似乎無水，已浴同於未浴"。許多養生類書籍對洗浴養生都有詳細介紹，如明人高濂的《遵生八箋》、清人曹庭棟的《老老恆言》等。

浴室

古代有錢人家可自置浴室。《長物志》中詳述了浴室的結構：浴室一般分為前後兩個房間，中間有牆隔開，前室砌置鐵鍋盛水，後室安置爐灶燃薪燒水。浴室佈置最重要的要求是要密閉，以免洗澡時為風寒所侵。浴室外面鑿一口井，安放轆轤打水，在牆上鑿一個孔將水引入前室鐵鍋內，室後面挖一水溝，洗澡後能將水排出去。這種周到細緻的安排，非常合理、科學。

　　後來，隨着公共浴室的流行，洗浴不再局限於富貴之家，平常百姓也能經常享受洗浴之樂。公共浴室在宋代開始流行，當時人們常把澡堂稱為"香水行"，其標誌是在門口懸掛一個水壺，清代則改掛燈籠作為標誌。澡堂中提供很多服務，除洗澡外，還能喝茶飲食、搓背修腳、按摩推拿、理髮打辮等。入清後，人人留辮，澡堂打辮也成了一種極好的生意。澡堂裏最為愜意的享受莫過於搓背，蘇軾有兩首著名的《如夢令》，寫的就是在澡堂搓澡休閒的感受：

　　水垢何曾相受，細看兩俱無有。寄語揩背人，盡日勞君揮肘。輕手，輕手，居士本來無垢。

　　自淨方能淨彼，我自汗流呀氣。寄語澡浴人，且共肉身遊戲。但洗，但洗，俯為人間一切。

　　可能是搓背人用力太重，痛得蘇軾大叫"輕手，輕手"，但在澡堂中"汗流呀氣"的"肉身遊戲"，還是能讓人的身心都感到輕鬆愜意。洗浴之後，神清氣爽，"俯為人間一切"，精神也因此得以超越。生活小事，竟能寫得如此有趣可愛，且能思致高遠，非大家之筆不能為也。

沐浴與個性

　　洗浴在清潔身體之餘，也體現着洗浴者的精神和個性。如南朝何佟之性好潔淨，沐浴成癖，一天要洗十幾次澡，人稱"水淫"，按照現在的標準，或許就是潔癖症患者。另一南朝名士卞彬卻相反，十年不換衣服，"攝性懈惰，懶事皮膚，澡刷不謹，浣沐失時"。他似乎在用這樣的反常行為，來體現其"擯棄形骸"的思想。身體多年不洗澡，蚤虱叢生，卞彬於是作《蚤虱賦》，說自己不洗澡，雖然瘙癢難忍，但對於身上的蚤虱來說，"無湯沐之慮，絕相弔之憂"，大可放心共存了。拋棄形骸，體現的是魏晉名士的灑脫風度，但卻不知道卞彬在瘙癢難忍的時候如何捱過，這時是否也會渴望有麻姑的鳥爪來搔背呢？

　　中國古代文人在洗浴中追求的並不只是清洗身體，更希望通過身體的潔淨來"洗心"、"浴德"。洗浴不但與個人和肉體有關，同時也與文化和道德有關。沐浴只是小事，但卻能超越個體，進入到道德、宗教、政治，以至於審美的層面上來。古人生活中處處充滿着審美精神，沐浴即明證也。

鬖鬠斜窺紅粉妝：
古代的眼鏡

眼鏡的傳入

　　古代早期沒有眼鏡，照明條件又差，秉燭夜讀實在是件很困難的事。唐代孫思邈在《千金方》中就提到夜讀細書對眼睛會造成很大的損害。在古代養生之類的書中，常把保養眼睛作為重要的內容。在古人的觀念中，眼睛是臟腑精氣之所注，"五臟六腑之精氣皆上注於目為之精"（《靈樞·大惑論》）。人年老之後，精氣漸衰，也就雙目昏花了。宋代陳直所編的《壽親養老新書》中，列有"治眼昏夜光育神丸"，說此藥"久服目光炯然，神宇泰定，語音清徹，就燈永夜，眼力愈壯，並不昏澀，不睡達旦，亦不倦怠。服兩三月後，愈覺神清眼明，志強力盛，步履輕快，體氣舒暢，是藥之效"。這實在是有些神化的說法。中醫重視眼科，相關醫書甚多，比如《目經大成》、《目科捷徑》、《眼科啟明》、《眼科要旨》、《眼科闡微》、《眼科集成》、《眼科纂要》等。民間也有眼光娘娘崇拜，其主要負責消除眼疾。

後來中國人利用水晶石片製成眼鏡，主要用來增進視力，輔助看書。眼鏡在古代被稱為"靉靆"、"僾睫"，有時也稱為"讀書石"、"單照"、"眼環"等。南宋《洞天清錄》云："靉靆，老人不辨細書，以此掩目則明。"視覺較之其他感官知覺來說，對人類活動的影響更大。視力下降和衰弱是無可避免之事，眼鏡

圖3-12　明代戴眼鏡的人

的發明看似細微，實則對整個人類來說都關係重大。就像美國學者波茲曼（Neil Postman）所說：“有人指出，12 世紀眼鏡的發明不僅使矯正視力成為可能，而且還暗示了人類可以不必把天賦或缺陷視為最終的命運。眼鏡的出現告訴我們，可以不必迷信天命，身體和大腦都是可以完善的。我覺得，如果說 12 世紀眼鏡的發明和 20 世紀基因分裂的研究之間存在某種關聯，那也並不為過。”（《娛樂至死》）

　　古代的水晶石鏡片雖然至今還在使用，但效果大不如今日普遍使用的玻璃鏡片。玻璃鏡片眼鏡是在明末由來華傳教士帶入中國的。清代趙翼就說：“古未有眼鏡，至有明始有之，本來自西域。”（《陔餘叢考》卷三十三）明清時期的傳教士來華，進獻的禮品中，常含眼鏡。如雍正七年，西洋人戴進賢送給雍正皇帝一副眼鏡，雍正對眼鏡的樣式有些不高興，傳旨說：“着照朕帶的樣式裝修，再將盒內西洋字白紙簽，着西洋人認看，應寫漢字。”（《清代內務府造辦處活計檔》）有時候西洋人一次進貢上百副眼鏡，其中包括老花鏡、近視鏡、平光鏡等。鏡架、鏡套、鏡盒等配件的裝飾也十分精美。宮廷裏面也會安排工匠專門為眼鏡製作華美貴重的匣子，後來還設置專門的機構來修理和製作眼鏡，以滿足日益增多的需要。

眼鏡的價格

眼鏡在明清時期算是貴重物品，有些眼鏡以玳瑁作為鏡架，清代《都門竹枝詞》有"眼鏡鑲來玳瑁邊"的句子。玳瑁在古代是華貴、祥瑞的象徵，唐代詩人沈佺期的詩歌《獨不見》中寫道："盧家少婦鬱金堂，海燕雙棲玳瑁梁。"即是用玳瑁來營造富貴、豪華的氛圍。

眼鏡在清代成為流行物品，但卻並非尋常人家所能買得起。《紅樓夢》中有兩處提到了眼鏡，使用者都是賈府中地位最高的賈母。第五十三回描寫賈母在大花廳看戲，坐於短榻上，"榻之上一頭又設一個極輕巧洋漆描金小几，几上放着茶吊、茶碗、漱盂、洋巾之類，又有一個眼鏡匣子。賈母歪在榻上，與眾人說笑一回，又自取眼鏡向戲台上照一回"。方豪《從〈紅樓夢〉所記西洋物品考故事的背景》一文認為賈母觀察遠處使用的"眼鏡"，或是望遠鏡。但《紅樓夢》的另一處描寫則基本能確定此物就是眼鏡。九十五回中描寫賈母看玉時，也提到了戴眼鏡的細節："賈母打開看時，只見那玉比先前昏暗了好些。一面擦摸，鴛鴦拿上眼鏡兒來，戴着一瞧，說：'奇怪，這塊玉倒是的，怎麼把頭裏的寶色都沒了呢？'"

清人葉夢珠在《閱世編》中詳細記述了當時眼鏡價

格的變化：

眼鏡，余幼時偶見高年者用之，亦不知其價。後
聞製自西洋者最佳，每副值銀四五兩，以玻璃為質，象
皮為幹，非大有力者不能致也。順治以後，其價漸賤，
每副值銀不過五六錢。近來蘇、杭人多製造之，遍地販
賣，人人可得，每副值銀最貴者不過七八分，甚而四五
分，直有二三分一副者，皆堪明目，一般用也。惟西洋
有一種質厚於皮，能使近視者秋毫皆晰，每副尚值銀價
二兩，若遠視而年高者戴之則反不明，市間尚未有販賣
者，恐再更幾年，此地巧工亦多能製，價亦日賤耳。

可以看出最初眼鏡的價格甚高，非一般人可以使
用，但後來隨着眼鏡國產化比例增高，價格也隨之下
降，眼鏡也由此進入尋常百姓家。

對眼鏡的排斥

眼鏡效果明顯，實用方便，但因來自西洋，有人
便對其持排斥的態度，這一立場的代表人物就是乾隆
皇帝。雖然乾隆時期眼鏡頗為普遍，但乾隆帝一直堅
持不佩戴眼鏡。他對眼鏡的效果十分清楚："用助目昏

備……老年所必須，佩察秋毫細。"但他堅決排斥眼鏡，一是因為材料，他認為西洋的玻璃眼鏡對身體有所損害，不如傳統的水晶鏡片，"玻璃云害眼，水晶則無弊"，"玻璃者過燥，水晶溫其性"；二是因為習慣佩戴之後，就難以擺脫，人為物役，"一用眼鏡，則不可捨，將被彼操其權也"。所以他語重心長地提醒後人："敬告後來人，吾言宜深思。"（乾隆皇帝《眼鏡》詩）這一傳統似乎一直在宮廷流行，後來溥儀想要戴眼鏡時，遭到端康太妃等人反對，認為這一行為有違祖制。（〔美〕莊士敦〔Reginald Fleming Johnston〕《紫禁城的黃昏》）

晚清著名文人包天笑在《我的近視眼》一文中提到自己小時候在蘇州穿珠巷配製眼鏡，回家後卻遭到祖母的反對：

戴着眼鏡去見祖母，祖母說："小孩子不能戴眼鏡，只怕愈戴愈深，藏起來，到要看遠處的地方才戴吧。"

不但小孩子不能戴眼鏡，蘇州那些所謂書香人家的子弟，雖然近視眼很多，年輕時也不大許戴眼鏡。說也可笑！他們希望在科舉上發達，預備將來見皇帝，什麼引見、召見之類，都是不許戴眼鏡的。我有一位朋友，他祖上是做過大官的，卻是個高度近視眼。有一天，皇

帝在便殿召見，那皇帝東向而坐，對面卻安一面大穿衣
鏡的屏風，他糊裏糊塗，只向那面大穿衣鏡面前跪了。
太監看見了，掩口而笑，把他拉過來，說道："皇上在
這裏。" 因為他是大臣，不加譴責，但是皇帝心裏終覺
得不高興，臣子不免就吃虧了。(《釧影樓回憶錄》)

"楚王好細腰，宮中多餓死"，當朝皇帝深惡眼鏡，
百姓遂不戴。這則貌似杜撰的故事，折射的是當時社會
的一般心理及民眾對於西洋器物的態度。

戴眼鏡的時尚

不過，這樣的反對是無濟於事的。在文人和官員群
體，以及後來的大眾群體之中，眼鏡逐漸成了一種實用
又時尚的物品。從康雍時期開始，佩戴眼鏡就變得越來
越普遍，嘉慶、道光時期，文人和官員流行在身上佩戴
眼鏡盒，可見眼鏡在個人用品中的重要性。民國以後，
眼鏡更成為大眾物品。1914 年北京擷華書局出版的《新
北京指南》中，把"洋眼鏡"列為"文明器具"。有人
諷刺民初的官員："頭戴外國帽，眼架金絲鏡，口吸紙
捲煙，身着嗶嘰服，腳踏軟皮鞋，吃西菜，住洋房，點
電燈，臥銅床，以至台燈、氈毯、面盒、手巾、痰盂、

便桶，無一非外國貨，算來衣食住，處處仿效外國人。"（《中華民國國務員之衣食住》，《申報》1912年5月7日）"金絲鏡"雖是"仿效外國人"的結果，但其實已經廣泛滲入到大眾生活中了。1912年1月6日的《申報》上有一篇題為《時髦派》的文章，諷刺所謂的時髦派，其中提到："女界上所不可少的東西：尖頭高底上等皮鞋一雙，紫貂手筒一個，金剛鑽或寶石金扣針二三隻，白絨繩或皮圍巾一條，金絲邊新式眼鏡一副，彎形牙梳一隻，絲巾一方。"而對於時髦男子來說，"不可少的東西：西裝、大衣、西帽、革履、手杖，外加花球一個，夾鼻眼鏡一副，洋涇浜幾句，出外皮篷或轎車或黃包車一輛，還要到處演說"。有趣的是，男女時髦派所共同必備物品，只有眼鏡一種。戴金絲眼鏡是當時的時尚："自金絲眼鏡出，而閨閣中乃有藉此為美觀者。近則上自官眷，下至娼妓，幾於數見不鮮。"（《圖畫日報》第二冊）

起初，戴眼鏡者多是讀書人，時間既久，眼鏡也就成了讀書人的標誌。當時社會中還有羨慕讀書人的風氣，不讀書的人也戴上眼鏡，假裝近視來裝斯文："眼鏡戴來裝近視，學他名士老先生。"（清·楊米人《都門竹枝詞》）清代楊靜亭《都門雜詠》也道："眼鏡戴來裝近視，教人知是讀書人。"

對年輕人來說，眼鏡也是時尚的象徵，他們逐漸

圖 3-13　溥儀戴眼鏡、着洋裝

成為佩戴眼鏡的主流群體。"近視人人戴眼鏡，鋪中深淺製分明。更饒養目輕猶巧，爭買皆由屬後生。"（清·學秋氏《續都門竹枝詞》）墨鏡最能展現時髦的一面："一段洋煙插口斜，墨晶眼鏡避塵沙。同遊欲博如花笑，親手拉韁坐馬車。"（清·黃式權《淞南夢影錄》卷四）女性也流行戴眼鏡，追求潮流。徐珂的《清稗類鈔》說："婦女之好修飾者，亦皆戴之以為美觀矣。" 近現代社會中，眼鏡成了年輕人的標配，廣泛地進入到了大眾生活之中。

後生們買眼鏡，其實也並非全是為了學名士，裝讀書人，"少年不盡風流態，䰂䰄斜窺紅粉妝"（清·李行南《申江竹枝詞》）。近視眼的後生，眼鏡一戴，得窺美人風韻，那一刻，不啻在眼前開啟了一個新世界。

第四章

娛樂：運動、遊戲與休閒

體育是人類極為重要的一種休閒方式。體育起源於早期人類的生產實踐活動，如生產勞作、工具器械的使用、軍事戰爭、宗教祭祀、醫療養生等，在這些活動中形成的實用性技能，慢慢演化成了體育運動。在和平時期及文明高度發達之後，體育則多與強身健體的保健目的、鼓舞奮進的勵志目的，及休閒怡情的娛樂目的有關。特別是在現代社會中，隨着商業社會的成熟，體育運動成了現代人最為重要的娛樂方式。古今體育的內涵有所不同：現代體育的觀念源自西方，強調競技性和觀賞性；中國傳統體育運動則重視養生和文化，體育運動在強身健體的同時，還包含禮樂文化、道德教化、人文情懷、精神境界等內涵。

遊戲代表着人的自由本質，只有在遊戲狀態中，人才真正擺脫了現實和功利的束縛，進入到自由狀態。遊戲自人類誕生之初就已出現，在歷史中不斷豐富。遊戲也是人類閒雅生活中最重要的組成部分，男女老幼都喜歡。明代楊爾曾的小說《韓湘子全傳》第五回中有這樣一段描寫："湘子回到書房中，悶悶不樂，坐在那裏調神運氣。兩個當值的近前道：'大叔不要愁煩，我們尋些怎麼替大叔解悶何如？' 湘子道：'世上有什麼東西解得悶？' 當值的道：'蒲牌、鬥草、打雙陸、下象棋、綽紙牌、鬥六張、擲骰子、蹴氣球，都是解得悶。'" 這裏面提到的這些都是古代常見的遊戲。

翻身向天仰射雲：
射箭與投壺

射箭的起源與演變

　　射箭是古代一種重要的體育運動項目，最初源於狩獵與戰爭，在距今 2.8 萬年的山西峙峪舊石器時代遺址中，就發現了石箭頭。最初人們發現一些樹枝有彈力，於是利用這種樹木發明了弓，再設計出了箭。譙周《古史考》中說："木名柘樹，枝長而烏集，將飛，枝彈烏，烏乃號飛，後故以柘樹為弓，名曰烏號。"關於弓箭的起源，有種說法說是東方夷人所發明，《說文解字》說夷字從大從弓，就是人拉弓射箭的意思。《新唐書》提到姬姓氏族中一個叫揮的人，發明了弓箭，他的子孫也由此被賜姓張，就字形來看，"張"字即是人手持弓箭的象形。

　　在原始時代和戰爭時期形成的技能，往往會在文明時代以儀式和娛樂的形式保留下來，成為一種集體記憶。此外，人類也利用這些活動保持和培育自身戰勝困難的勇氣和能力。多數體育活動項目都是如此，在規則之下，保持着戰爭的形式，競技過程中，運動員和觀眾其實都經歷了一次模擬戰爭的心理過程。射箭作為古代社會中重要的技能之一，也被保留在各種文化形式之中。

西周時期，射箭從實用技能上升為"六藝"之一，儒家把"禮、樂、射、御、書、數"作為教育的內容。男子自幼就要學習射箭，"子生，男子設弧於門左"（《禮記·內則》），家裏生了男孩，就把木弓掛在門的左邊，射箭成了男人的標誌。射箭在"六藝"之中十分重要，古代有專門教習射箭的地方，如"射廬"、"學宮"、"闢雍"、"大池"。唐代開武舉，科目之中有馬射、步射、平射、

圖 4-1　乾隆皇帝射箭

馬槍、負重、捧跤等，射箭在其中佔有很大分量，"須憑弓箭得功名"（唐‧令狐楚《少年行》）的說法確乎如是。

教習射箭，不只是教會學生射箭的技能，更重要的是把射箭和禮樂教化結合起來。六藝本身就是禮樂教育的具體化，通過習射，讓人能"明長幼之序"和"君臣之義"，重視在習射過程中"進退周還必中禮"（《禮記‧射義》）。

射箭的競技性在後世逐漸弱化，儀式性和娛樂性加強。儒家主張"射不主皮"，就是說射箭不一定要求是"貫革之射"，即不一定要穿透皮革，只要中的就可以。點到為止，強調的就是射箭的儀式性。

射箭的娛樂化

射箭在後世逐漸被儀式化和娛樂化。古代有射禮運動盛會，通過射禮競技來擇士。這種盛會經常由君主來主持，場面宏大，射箭與禮儀結合，最後勝者受到嘉獎，輸者罰酒，比賽結束有慶祝盛宴，"眾無不醉"。除了官方會組織有關射箭的娛樂活動，民間也會組織這樣的活動。東漢應瑒的《馳射賦》就說："於是陽春嘉日，講肆餘暇，將逍遙於郊野，聊娛遊於騁射。"古代的知識分子確有英武之氣，於講課後的餘暇時間，逍遙於野外自然之中，馳騁打獵，實在不同於後來手無縛雞之力的腐儒。張衡的《南都賦》也說："群士放逐，馳乎沙場。騄驥齊鑣，黃間機張。足逸驚飆，鏃析毫芒。俯貫魴鱮，仰落雙鶬。魚不及竄，鳥不暇翔。"場面簡直和戰場無異。

射箭娛樂活動中有一種叫作"賭射"，即約定一些規則，以射箭來打賭決勝負。《南史》中曾記載，武陵昭王"於華林射賭，凡六箭，五破一皮，賜錢五萬文"。就是說，六支箭，如果有五支射穿同一箭靶，就算勝利。

女子騎射

魏晉南北朝時期，女子就已流行射箭，尤其是北方遊牧地區的女性，英勇尚武，不讓男兒。《北史》記載北魏孝明皇帝的母親宣武靈皇后頗精於射術，她有一次"幸西林園法流堂，命侍臣射，不能者罰之。又自射針孔，中之，大悅，賜左右布帛有差"。能射中針孔，射術實在是了得。晉陸翽在《鄴中記》中記載後趙的石虎在位時期，女性在上巳節外出遊玩射箭的情景："石虎三月三日臨水會，公主、妃嬪、名家婦女，無不畢出。臨水施帳幔，車服燦爛，走馬步射，飲宴終日。""走馬步射"成了貴族女性主要的娛樂活動。

南北朝時期，戰爭頻仍，社會動蕩，女性常加入征戰的行列，最著名的例子就是北朝民歌《木蘭詩》中的木蘭。女性在這種環境中勇毅尚武，掌握了許多本領，射術當是其中最重要的一種。在和平時期，這些技藝就轉化成了娛樂活動。杜甫《哀江頭》寫出了女性在射箭時的颯爽英姿："輦前才人帶弓箭，白馬嚼齧黃金勒。翻身向天仰射雲，一笑正墜雙飛翼。"

女性射箭的娛樂性更強，比如射鴨、射飛鳥、射粉團等。宮內女子大概沒什麼機會去野外騎射，在宮內除了靶子，鴨子和飛鳥就成了射箭的對象。"新教內人唯射鴨，長隨天子苑東遊。"（唐·王建《御獵》）"魚藻池邊射鴨，芙蓉國裏看花。"（唐·王建《宮中三台》）"樓船泛罷歸猶早，行遣才人鬥射飛。"（唐·盧綸《宮中樂》）

射粉團是端午節流行的一種遊戲，粉團即糯米糍粑，用特製的小弓箭射之，得中者可以吃粉團。《開元天寶遺事》中就說："宮中每到端午節，造粉團角黍，貯於金盤中，以小角造弓子，纖妙可愛，架箭射盤中粉團，中者得食。" 看來是一種很有趣的遊戲。

投壺

射箭在娛樂性方面最佳的體現當屬投壺。投壺由射

圖 4-2　端午射粉團

禮演變而來，"投壺乃射禮之變也"（清·徐士愷《投壺儀節》）。司馬光說，投壺起源於燕飲之間，有人或不能射箭，"舉席間之器以寄射節焉"（《投壺新格》），代之以投壺進行娛樂。也有人說是因為在庭除之間聚會時，地方狹小，"或不能弧矢之張也，故易之以投壺"（明·汪褆《投壺儀節》）。

　　投壺雖也講究禮儀，但更重娛樂性。最早投壺就是用酒壺，後來有了專用的壺，如較為流行的貫耳壺，就是在原有壺口外增加了兩個小的投孔（鵠），以增加投壺的難度，投起來花樣也更多。壺的材質有銅、鐵、瓷等多種，箭一般用柘木、棘木或竹子，根據場地與投壺的大小，也會使用不同規格的箭。投壺有一定的程序，除賓主之外，還有負責監督的司正，根據規則決出勝負，敗者罰酒，氣氛緊張而又活躍。

圖4-3　明宣宗投壺

名園蹴鞠稱春遊：
球類運動

在現代體育運動項目中，球類運動似乎最受歡迎，除了世界第一大運動足球外，還有籃球、排球、橄欖球、乒乓球、棒球、冰球等諸多項目。中國古代也有不少球類運動，其中以蹴鞠、馬球和捶丸為代表。

蹴鞠

蹴鞠傳說為黃帝所創製，據說黃帝在戰勝蚩尤之後，為發洩憤怒，把蚩尤的胃塞滿毛髮，讓士兵們來踢。這一說法雖不可考，但考古發現距今三千四百多年的岩畫中，就有多人踢球的場景，說明蹴鞠的起源確實非常久遠。

蹴鞠在宋代十分流行，上至皇帝，下至平民，都喜歡玩蹴鞠。元代錢選所作《蹴鞠圖》，描畫的就是趙匡

圖 4-4　宋太祖蹴鞠

胤與群臣踢球的場面。百姓也喜歡蹴鞠，宋人周彥質的
《宮詞》說"名園蹴鞠稱春遊"，即是說把在園圍之中踢
球當作是春遊，可見蹴鞠在人們娛樂生活中的地位。

　　宋代發展出了非常複雜和高超的蹴鞠技巧，有所謂
肩、背、拍、拽、捺、控、膝、拐、搭、肷等"十踢法"：

　　　　　肩如手中持重物，用背慢下快回頭。
　　　　　拐要控膝蹲腰取，搭用伸腰不起頭。
　　　　　控時須用雙睛顧，捺用肩尖微拍高。
　　　　　拽時且用身先倒，右膝左手略微高。
　　　　　胸拍使了低頭覷，何必頻頻問綠楊。

　　　　　　　　　　（《宋·陳元靚《事林廣記》）

蹴鞠是士人才子消遣時偏愛的運動，還形成了專門的社團。宋代有一個著名的足球社團 "齊雲社"，又稱為圓社，平日教習與切磋，定期組織蹴鞠比賽，類似於今日的足球俱樂部。蹴鞠被稱為 "閑中第一"，加入蹴鞠社團，是很多人所嚮往的事。宋時俗語有云，"天下風流事，齊雲第一家"，"不入圓社會，到老不風流"。史籍中記載有人以善蹴鞠而發達，著名的就是經常被大眾提及的高俅，"蹴鞠真堪羨，風流奪翰林"。以球技高超而做官，可見蹴鞠在宋代受追捧的程度。

圖 4-5　女子蹴鞠

早期的足球是實心球，外部為皮，中間用實物填充，後來改用牛羻胞，彈跳性更好。宋代開始用內氣囊外包裹牛皮的方式製作足球："香皮十二，方形地而圓象天……香胞一套，子母合氣歸其中。"（《蹴鞠譜》）古代還有專門的打氣工具，打氣名為"打揎"："打揎，添氣也。事雖易而實難，不可太堅，堅則健色浮急，蹴之損力；不可太寬，寬則健色虛泛，蹴之不起。須用九分着氣，乃為適中。"（《蹴鞠圖譜》）還有人會踢石頭做成的球。清代竹枝詞《燕台口號一百首》中有一句："開場足送雙丸石，蹴鞠遺風合問渠。"原註說："琢石為丸，以足蹴之，先後交擊者為勝。"

還有一種類似蹴鞠的活動，叫蹴球，據《文獻通考》說，起源於唐代，大概是蹴鞠的一種變形。清代袁啟旭的《燕九竹枝詞》說："如蟻遊人攔不住，紛紛擠過蹴球場。"可見當時已有專門球場，這樣的活動很受大眾歡迎。

現代足球是在鴉片戰爭之後傳入中國的。1867年，在上海的外國人成立了足球總會，包括西商會、臘克斯、陶克工程會、萬國商團、西捕等一批足球隊。1896年，上海聖約翰書院足球隊成立，是為第一支華人足球隊。足球運動後來在學校中廣泛開展。在強身救國的風潮下，足球作為一種對抗性強、重視團隊合作的運動，得到了更多年輕人的喜愛。"京師大學堂學生，人人具尚武之精神，而於踢足球一門尤為嫻熟。每日在操場踢球時，各國西人之往觀者，均為稱讚不置。"(《大公報》1907 年 1 月 25 日）

馬球

馬球又稱擊鞠、打球、擊球等，是騎馬與打球相結合的一種運動。因為騎馬速度快、動作迅捷、變化多端，而古代防護措施有限，所以馬球是一種非常驚險刺激、危險系數很高的運動。馬球起源較早，有人說來自吐蕃，有人說來自波斯，這些地方善於養馬、騎馬，也有精湛的騎術。曹植在《名都篇》中寫道："連翩擊鞠壤，巧捷惟萬端。" 其中 "擊鞠" 就是指馬球，可見東漢末馬球已經在上層中流行了。

唐代馬球流行，漢人擊球技藝高超，不讓西域善騎的民族。據說吐蕃迎娶金城公主時，唐中宗李顯讓吐蕃使臣在梨園亭子中看馬球，吐蕃人不以為然，說我們來使的人中也有善於打球者，於是就和漢人進行比賽。數次都是吐蕃人贏，此時還是臨淄王的玄宗帶領四人迎戰，"玄宗東西驅突，風迴電激，所向無前"，最終大勝吐蕃，掙回了面子。(唐·封演《封氏聞見記》卷六)

圖4-6　唐墓壁畫展現的打馬球場景

　　馬球運動激烈危險，唐玄宗毫不畏懼，且技藝超
絕："開元、天寶中，玄宗數御樓觀打球為事。能者左
縈右拂，盤旋宛轉，殊可觀。然馬或奔逸，時致傷斃。"
（唐‧封演《封氏聞見記》卷六）馬球運動容易導致受傷，
但勇士們還是樂於參與。馬球有時就直接作為軍隊訓練
的項目，用以提高士兵的騎術和勇氣。唐時打球乃軍中
常戲，軍隊中的馬球比賽，場面宏大，"百馬攢蹄近相
映"，"歡聲四合壯士呼"（唐‧韓愈《汴泗交流贈張僕射
建封》）。軍中不乏馬球高手，據說一位夏將軍技術了

得，"嘗於球場中累錢十餘，走馬以擊鞠杖擊之，一擊一錢飛起，高六七丈，其妙如此。又於新泥牆安棘刺數十，取爛豆，相去一丈，一一擲豆，貫於刺上，百不差一。又能走馬書一紙"（唐·段成式《酉陽雜俎》前集卷五），實在是技近乎神。

儘管馬球比較危險，但卻是保持尚武精神的極佳方式。宋室南渡，宋孝宗"日御球場"，以此來提振官民精神，以圖光復。大臣都以此運動太危險而勸阻，但宋孝宗卻說："正以仇恥未雪，不欲自逸爾。"（《宋史·周必大傳》）

女子也流行打馬球，英姿颯爽，剛柔並濟，場面十分精彩："妙齡翹楚，結束如男子，短頂頭巾……豔色耀日，香風襲人，馳驟至樓前，團轉數遭……人人乘騎精熟，馳驟如神，雅態輕盈，妍姿綽約。"（宋·孟元老《東京夢華錄》卷七）實在是美不勝收。五代時期的花蕊夫人在《宮詞》中多次提到馬球："自教宮娥學打球，玉鞍初跨柳腰柔。"寫盡了女子打馬球時的婀娜姿態。

捶丸

捶丸是古代一種常見的球類活動，類似於今日的高爾夫球。"捶"是打的意思，捶丸就是徒步用球杆擊球，

圖 4-7　明宣宗捶丸

所以唐代稱為“步打球”。唐代詩人王建的《宮詞》就
寫道：“寒食宮人步打球。” 宋代多稱為捶丸。使用的
球棒類似於馬球的球棒：“杖長數尺，其端如偃月。”
（《金史》卷三十五）

　　捶丸非常講究禮儀，元代的《丸經》說：“捶丸之
式，先習家風，後學體面。折旋中矩，周旋中規。失
利不嗔，得雋不逞。若喜怒見面，利口傷人，君子不與
也。”一項運動，牽涉到家風和德行，實在是十分高雅

的紳士運動了。宋元時期捶丸十分流行，宋徽宗、金章宗皆喜愛捶丸，大眾也樂於參與，元代還出現了專門論著《丸經》。

　　捶丸的準備過程十分複雜，先要在球場上設球穴，球場一般設在野外起伏不平的場地上。這些都和現代的高爾夫球十分相似。現代的高爾夫球運動起源於蘇格蘭，有人認為元代時，是蒙古人把捶丸帶到了歐洲，從而促進了高爾夫球運動的形成。

力拔山兮氣蓋世：
角力類運動

　　遠古時代，人類的勞作與爭鬥多依賴於體力，那時工具和武器都相當簡陋，即便有簡單的工具，也離不開人力。後來發明了各種各樣的工具，使得人類的活動越來越脫離體力，在價值鏈條中，人的體力也逐漸下降到低端價值部分。古人早期的生活依賴於人力，充滿力氣的人也會受到崇拜和重用，遊戲時以力量為基礎的項目很多，如角力、角抵、摔跤、相撲等，這些運動之間存在着一定的關聯性，但一般說來，越是後起的項目，其規則性、儀式性、觀賞性、娛樂性就越強。

角抵

　　角抵是一種近身徒手搏鬥的技能，以力量和技巧取勝。傳說角抵是在黃帝戰蚩尤的過程中產生的，梁朝任昉《述異記》說："秦漢間說，蚩尤氏耳鬢如劍戟，頭有角。與軒轅鬥，以角抵人，人不能向。今冀州有樂，名'蚩尤戲'，其民兩兩三三，頭戴角而相抵。"遠古時代的領袖和英雄，都是以力量過人為特徵的，比如史書記載商紂王就能"手格猛獸"（《史記·殷本紀》）。這些角力的技能在後代除了繼續在戰爭和狩獵中使用外，也轉化成了體育運動和遊戲項目。秦漢宮廷中常有角抵表演，秦二世在甘泉宮中"作觳（角）抵優俳之觀"（《史記·李斯列傳》）；漢武帝也喜歡角抵，在上林平樂館中安排角抵表演，"三百里內皆觀"（《漢書·武帝紀》），可見聲勢之浩大。漢代還常用角抵之戲來招待朝貢之外賓，以壯天朝聲威。《後漢書·東夷列傳》中提到，夫餘國的國王來朝拜，"帝作黃門鼓吹、角抵戲以遣之"。晉唐時期，角抵逐漸演化為相撲，兩者雖有關聯，但也有些不同。

相撲

相撲是一種角力運動，在古代十分流行。宋代有專門的相撲錦標賽，參賽者都是經過層層選拔的高手，最後決賽更是萬眾矚目："若論護國寺南高峰露台爭交，須擇諸道州郡膂力高強、天下無對者，方可奪其賞。如

圖4-8 敦煌壁畫中的唐代相撲

頭賞者，旗帳、銀杯、彩緞、錦襖、官會、馬匹而已。"
（宋・吳自牧《夢梁錄》卷二十）

宋代調露子所作《角力記》中曾提到相撲的一些
特點："夫角力者，宜勇氣量巧智也。然以決勝負，
騁趫捷，使觀之者遠怯懦，成壯夫，已勇快也。使
之能鬥敵，至敢死者之教，男無勇不至，斯亦兵陣之
權輿，爭競之萌漸。"所以相撲在軍隊中是比較盛行
的，常作為訓練士兵的有效手段。在宋代，皇帝還親
自主持過相撲比賽。《宋史》記載，宋高宗在紹興五
年（1135）三月，閱看了五十多人的相撲角力。相
撲手高大威猛，強壯英武，常被選作重大儀式時的侍

從。在宴請外國賓客時，也常會安排相撲表演，以展現國家的英武之氣。

城市之中常有商業性的相撲表演，宋代還出現了一批相撲明星。《夢粱錄》中提到的有周急快、董急快、王急快、賽關索、赤毛朱超、周忙憧、鄭伯大、鐵稍工韓通住、楊長腳等，從這些別致的名字中就能看出他們的一些特點。

宋代亦有女子相撲。宋仁宗曾在元宵節去宣德門看婦人相撲，此舉引來司馬光的規勸："竊以宣德門者，國家之象魏，所以垂憲度、佈號令也。今上有天子之尊，下有萬民之眾，后妃侍旁，命婦縱觀，而使婦人裸戲於前，殆非所以隆禮法、示四方也。"（《論上元令婦人相撲狀》）女子相撲有專門稱呼，名之曰"女廝撲"，參與者也要如男子一樣裸露頸項臂膀，故有時稱之為"女子裸戲"。這在古代是有傷風化的，皇帝公開去看尤其不應當。在正式相撲之前，還有一種類似於相撲表演的"女颭"，用以預熱氣氛，吸引觀眾。南宋臨安有不少女 高手，如嚻三娘、黑四姐、韓春春、繡勒帛、錦勒帛、賽貌多、女急快。

體育運動亦有地域性。如明清以後的江南地區，富庶繁華，民風溫柔雅順，但魏晉之前，吳地民風輕悍好戰，盛行角力之戲。《隋書·地理志》記載，南方

圖 4-9 清代布庫（摔跤）

各地，"人性並躁勁，風氣果決，包藏禍害，視死如歸，戰而貴詐，此則其舊風也⋯⋯其人本並習戰，號為天下精兵。俗以五月五日為鬥力之戲，各料強弱相敵，事類講武"。

夢中猶記水鞦韆：
水上與冰上運動

在現代體育運動中，與水相關的項目非常多，古代此類體育運動也不少。嬉水類運動有游泳、跳水、龍舟等，冰雪類運動有滑冰、滑雪、冰球、冰床等。

游泳

游泳是人類的基本生存技能，有關游泳的記載很早，如《詩經‧邶風‧谷風》就寫道："就其深矣，方之舟之；就其淺矣，泳之游之。"意思是說，在水深的地方，就划着木筏或小船渡過去；要是水比較淺，就浮着游着過去。游泳技術高超的人，能做出常人無法為之的奇絕之事，如《六韜‧奇兵篇》就把游泳稱為"奇技"："奇技者，所以越深水、渡江河也；強弩長兵者，所以逾水戰也。"歷史中不乏著名的水戰，勝利者大概就是因為擁有這些身懷"奇技"的士兵。《晉書》說勇士周處"投水搏蛟，蛟或沉或浮，行數十里，而處與之俱，經三日三夜，人謂死，皆相慶賀，處果殺蛟而反"。出神入化的游泳技巧成了周處最重要的技能。

有些游泳技術好的人，還會主動挑戰自然水域。如浙江錢塘江大潮聞名天下，大潮場面壯觀，潮勢驚人，常常是"際天而來"，"吞天沃日"，而一些敢於冒險的人則會"披髮文身，手持十幅大彩旗，爭先鼓勇，溯迎而上，出沒於鯨波萬仞中，騰身百變，而旗尾略不沾濕"（宋·周密《武林舊事》卷三）。這些"弄潮兒"的技藝之高，着實令人驚歎。浙江等地還會定期舉行游泳弄潮比賽，同時兼有水上項目的表演。

弄潮頗為危險，常鬧出人命來。北宋治平年間，知杭州府事蔡襄作《杭州戒弄潮文》，批評弄潮者只是為了矜誇而亡命，留下妻子痛哭，實在是不負責任，從而規定"軍人百姓，輒敢弄潮，必行科罰"。但官方的禁令一直難以阻止勇敢者，每年弄潮者還是不少，喪命事件也時有發生。

水鞦韆

古代還有一種很有趣的水上表演項目，叫"水鞦轆”：在大船上安置鞦韆，表演者盪至最高處時，從鞦韆躍入水中。這種表演融合了鞦韆、跳水、游泳、雜技等要素，且在水面寬闊、水位較深的地方進行，場面宏大，過程驚險刺激，常會吸引很多人觀看。《東京夢華錄》就記錄了觀看水鞦韆的場面：“有兩畫船，上立鞦韆，船尾百戲人上竿，左右軍院虞候監教，鼓笛相和。又一人上蹴鞦韆，將平架，筋斗擲身入水，謂之‘水鞦韆’。”

水鞦韆大概是在北宋中後期出現的，在陸地鞦韆的基礎上改進而成，在當時頗受歡迎。宋朝王珪在《宮詞》中寫道：“內人稀見水鞦韆，爭擘珠簾帳殿前。” 水鞦韆新穎獨特，觀賞後讓人印象深刻。朱翌《端午觀競渡曲江》曰：“卻憶金明三月天，春風引出大龍船。二十餘年成一夢，夢中猶記水鞦韆。” 二十多年前的往事，回想起來的只有水鞦韆，可見其魅力之獨特。

古代還有“水戲”表演，大概是在水中表演的雜技，內容豐富多彩，讓人眼花繚亂，歎為觀止。易恆在南宋蘇漢臣所作的《水戲圖》上題詩說：“水戲新番小妓精，教坊初進未知名。立機倒運飛丸起，絕勝銀盤弄化生。”

水戰

宋太宗曾動用 3.5 萬名士兵鑿池，引金水河的水灌注其中，這就是著名的金明池。開鑿金明池的一個重要目的就是演習水戰。楊侃的《皇畿賦》曾這樣描寫：

　　命樓船之將軍，習昆明之水戰，天子乃駐翠華，開廣宴，憑欄檻於中流，瞰渺茫於四面。俄而旗影霞亂，陣形星羅，萬棹如風而倏去，千鼓似雷而忽過。則有官名伏飛，將號伏波，驤江中之龍，避船下之戈。黃頭之

圖4-10　北宋汴京金明池水戲爭標

圖4-11　北宋崇寧年間三月三日金明池龍舟競渡

郎既眾，文身之卒且多。類虯龍而似蛟蜃，駭鯨鯢而走
黿鼉。勢震動於山嶽，聲沸騰於江河。

場面十分壯觀。宋太宗專門談到，在金明池進行水
戰，是盛世不忘武功之意，讓軍民能保持勇武進取之
心：「兵棹之技，南方之事也，今已平定，固不復用，
但時習之，不忘武功耳。」（元‧馬端臨《文獻通考》卷
一百五十八）

龍舟競渡

　　龍舟競渡是另一種水上項目。據說是屈原投江之後，漁民們一齊出動划船救人，後來逐漸成為風俗。龍舟競渡是端午節除了吃粽子以外的必備活動。不論起源的真相如何，划船是人類的基本技能，人在熟練掌握某項技能之後，往往會將其推至競技和表演的層面，龍舟競渡就是划船活動的競技化。龍舟競渡在江南尤其盛行。江南地區水網密佈，舟船乃是最重要的交通工具，"以船為車，以楫為馬"（東漢‧袁康《越絕書》卷八）。《舊唐書》也說："江南風俗，春中有競渡之戲，方舟並進，以急趨疾進者為勝。"春日龍舟競渡，大概

圖 4-12　明代龍舟競渡

是古代鄉間最為宏大和熱鬧的娛樂活動："看龍舟，看龍舟，兩堤未鬥水悠悠。一片笙歌催鬧晚，忽然鼓棹起中流。""棹如飛，棹如飛，水中萬鼓起潛蛟。最是玉蓮堂上好，躍來奪錦看吳兒。"（元·黃公紹《端午競渡棹歌十首》）明清時期，官方也開始組織龍舟競賽，端午節時，皇帝常常出來觀看。

冰嬉

　　北方流行滑冰和滑雪等冰雪項目。在冰雪上滑行的運動起源甚早，《隋書》記載，距今一千四百多年前，東北地區就流行"騎木而行"。所謂"木"，就是類似於今日雪橇的木板，人們腳踏木板，在冰雪中滑行，速度很快。這其實也是後來滑雪運動的雛形。

　　冰床遊戲是冬天常見的娛樂方式，在北方廣為流行。一到冬天，"沿河處處有冰床"（清·得碩亭《草珠一串》）。所謂"冰床"，就是把木板放在冰面上，一人在前面牽着繩子滑行，亦名"拖床"。"十月冰床遍九城，遊人曳去一毛輕。風和日暖時端坐，疑在琉璃世界行。"（清·楊靜亭《都門雜詠》）

　　冰上的娛樂項目還有很多，比如也有人在冰上拋球嬉戲，熱鬧非常。清代竹枝詞《燕台口號一百首》寫

圖 4-13　清代皇家冰嬉

道："河頭凍合坐冰床，偷得舟行陸地方。更有拋球人
奪彩，一雙飛鳥欲生芒。"

棋罷不知人世換：
棋類遊戲

古代的棋類遊戲

　　中國的棋類遊戲源遠流長、種類繁多，下棋既是休閒、交友的極佳選擇，又能啟迪思維與智慧，同時也能把人帶入超拔的境界，體味經國濟世之理、人生進退之道，所以棋類遊戲向來被中國人所喜愛，下至平民百姓，上至帝王將相，都熱衷於此。許多帝王精於棋藝，如宋太祖趙匡胤，據傳"落魄時，曾遊華山，與希夷老人（引者按：即陳摶）對弈象棋，太祖負於陳，遂於即帝位時罷免華山附近黎庶之徵徭，以示不食前言"（清·呂留良《象棋話》引《華陰縣志》）。其他官員、文人、僧人、道士，以及平民百姓，精通對弈者也不少，以至於出現了一些專門陪富家子弟下棋娛樂的"閒人"，這些人"知書、寫字、撫琴、下棋及善音樂"（宋·耐得翁

圖4-14　弈棋的唐代女子

《都城紀勝》）。文人更是喜歡對弈，宋人趙師秀《約客》
曰："黃梅時節家家雨，青草池塘處處蛙。有約不來過
夜半，閒敲棋子落燈花。" 看來下棋是文人很重要的娛
樂方式。

　　傳統的棋類遊戲可分為兩大類："一是包括圍棋、
象棋、彈棋在內的憑智力的棋藝，一是以六博、雙陸為
代表的伏機運的博戲。前者在於它的鍛煉思維、陶冶情
性的教育性，而後者則顯示的是其貪求物慾、倖勝牟利
的功利性。"（崔樂泉《體育史話》）

圍棋

　　圍棋據說起源很早，人們把圍棋的發明權安放在堯身上："堯造圍棋，以教子丹朱。"也有人說是舜發明的："或云舜以子商均愚，故作圍棋以教之。"（晉‧張華《博物志》）這種假託或不可信，但至少表明圍棋起源之久遠，也表明圍棋有極好的教育功能。"丹朱"、"商均"均為"不肖子"，堯、舜以圍棋教之，看來這是當時最好的教育手段了。但似乎教育的效果不大好，因為

圖 4-15　重屏會棋

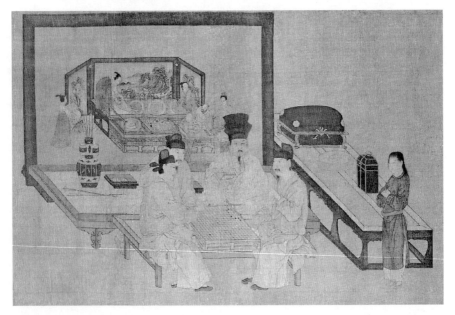

堯、舜的王位沒有被兒子繼承，而是分別禪讓給了舜和禹。問題可能還是在於這兩個兒子過於 "愚"，錯不在圍棋。

古人對遊戲大多持否定的態度，遊手好閒、玩物喪志、不務正業等詞彙都是用來形容沉迷於遊戲之人的。先秦時對圍棋就有不少批評。孟子說 "博弈好飲酒，不顧父母之養"（《孟子・離婁下》）是不孝之舉。當然，"博" 和 "弈" 還是不同的，博是六博，偏於賭博，確乎不該提倡，但博、弈經常合用，連帶着對於圍棋的評價似乎也不那麼好了。孔子也說："飽食終日，無所用心，難矣哉！不有博弈者乎？為之，猶賢乎已。"（《論語・陽貨》）此話似褒實貶，有點在最壞之中找比較不壞處的意思。

下棋有取捨、輸贏，所以對弈能看出一個人的格局與修養，也能看出一個人的專注程度。《孟子・告子》就提到："弈秋，通國之善弈者也。使弈秋誨二人弈，其一人專心致志，惟弈秋之為聽；一人雖聽之，一心以為有鴻鵠將至，思援弓繳而射之。雖與之俱學，弗若之矣。為是其智弗若與？曰：非然也。" 說的是兩個人跟着弈秋學習棋藝，一人專注，一人學習時還想着去射大雁，所以後者不如前者學得好，這不是智力問題，而是專注度不夠。

對弈如對戰："三尺之局兮，為戰鬥場；陳聚士卒兮，兩敵相當。"（漢·馬融《圍棋賦》）中國人常把圍棋與戰爭聯繫起來，從對弈中體悟用兵作戰之道，這也是圍棋給人們的教益之一。當代經濟學中的博弈論，分析對峙條件下的選擇與判斷，似乎也是把兵法、對弈原理融合後的現代應用。

象棋

象棋古代又稱為象戲，起源甚早。有關象棋起源的說法也有很多，據其"楚河漢界"的格局，至少可說是在漢代定型的。象棋較之圍棋，更加形象，雅俗共賞，普及更廣。象棋的原理與兵法有關，兩軍對壘，鬥智鬥勇，既充滿樂趣，又緊張刺激。雖然有人認為這種小道是"不足道"的，但歷代喜歡的人卻非常多，象棋高手層出不窮，如清代的"江東八俊"、"河北三傑"，都是技壓群雄的高手。

其他棋類活動

除了圍棋、象棋外，還有雙陸、六博、彈棋等棋類遊戲。

六博是以擲采行棋，吃子決勝，因為博籌一般為六

圖 4-16　唐代貴族女子以雙陸消遺

根，所以稱為六博。有人認為象棋即是從六博演變而來的。六博在春秋戰國時期就十分流行，《史記·蘇秦列傳》中描寫臨淄的那段著名文字中，就說當地流行"鬥雞走狗，六博蹋鞠"。

六博是極好的娛樂遊戲，擲采取決於偶然，心情也會隨着局面而高低起伏，充滿刺激。李白大概是很喜歡六博遊戲的，這與其放曠不羈的性格有關："有時六博快壯心，繞床三匝呼一擲。"（《猛虎行》）"連呼五白行六博，分曹賭酒酣馳暉。"（《梁園吟》）"六博爭雄好彩來，金盤一擲萬人開。"（《送外甥鄭灌從軍三首》之一）六博後來常作為賭博的種類，參與者也多富家子弟。六博和賭的結合，慢慢形成了"賭博"這一名詞。六博也經常被官方所禁止："民間惡習，無過於博戲。"（《欽定大清會典事例》卷九百三十九）

據說漢成帝非常喜歡蹴鞠，但群臣認為踢球太過勞累，不適合尊貴的龍體，劉向於是創造了彈棋讓皇帝來玩："成帝好蹴鞠，群臣以蹴鞠為勞體，非至尊所宜。帝曰：'朕好之，可擇似而不勞者奏之。'家君作彈棋以獻，帝大悅，賜青羔裘、紫絲履，服以朝觀。"（《西京雜記》）

六博爭雄好彩來：
賭博類遊戲

中國社會中的賭博

賭博在民間非常流行，也是多被詬病的一種娛樂方式。美國的農業經濟學家卜凱（John Lossing Buck）在其對河北鹽山縣的調查報告中，有一部分涉及地主階層的娛樂項目：在每年的娛樂中，家庭賭博 14.9 次，公共賭博 29.8 次，看戲 5.8 次，露天遊玩 14 次，群體集會 5 次，飲酒 12.1 次。（《河北鹽山縣一百五十農家之經濟及社會調查》）雖然可以說，這樣小範圍的調查不能說明所有問題，但此數據還是很具有代表性的。在各種娛樂項目中，賭博（家庭賭博和公共賭博）是所有項目中參加次數最多的一類。

賭博遊戲的類型很多，如關撲、六博、麻將、擲骰子、葉子戲、賽馬、走狗、鬥雞、鬥蟋蟀、鬥鵪鶉等。

圖 4-17　清代貴族女子打牌喝茶

賭博可以作為消閒遣興之手段，普通百姓在家裏也會賭
博娛樂：「京師謂除夕為三十晚上……黃昏之後，合家
團坐以度歲。酒漿羅列，燈燭輝煌，婦女、兒童皆擲
骰、鬥葉以為樂。」（清・富察敦崇《燕京歲時記》）

關撲

中國古代賭博風氣很盛，就連很多皇帝都熱衷於
此。據說宋仁宗喜歡關撲，常與宮人關撲，把身上的錢
輸得一乾二淨，還想繼續玩，就向宮人借錢，但皇帝賭

圖4-18　明宣宗鬥鵪鶉

技不好，宮人們怕他只借不還，都不肯借給他，皇帝也非常無奈。（宋·施德操《北窗炙輠錄》）民間好賭之徒更是不可計數，北宋時期出現了專門的賭場"櫃坊"，"以博戲、關撲、結黨手法騙錢"（宋·周密《武林舊事》卷六）。蘇軾說河北定州"城中有開櫃坊人百餘戶，明出牌榜，召軍民賭博"（《乞降度牒修定州禁軍營房狀》）。一個定州城就有百餘戶開櫃坊，可見賭博是非常流行了。

關撲是一種賭博類的遊戲，商販常以此吸引顧客，顧客如看中某種商品，可以直接購買，也可以花少量錢財參與關撲。關撲所涉及的錢財不多，商品亦多非貴重之

圖 4-19 "人馬轉輪"玩具模型("人馬轉輪"是當時的一種關撲工具)

物，大多是日常用品。關撲的方式多樣，如用猜銅錢正反、擲骰子、抽簽等形式來決定輸贏。顧客若贏，則可直接拿走物品；如輸了，損失亦不算大。進行關撲的地點多樣，有商販走街串巷進行關撲，有店舖為吸引顧客坐地關撲，有在集市、鬧市之中，也有在飯店、酒肆，乃至宮殿之中。西湖上還有專門用來賭博娛樂的"關撲船"。

有些場所之中的關撲，涉及的物品隨參與者財力的豐厚和身份的豪貴而變得十分奢侈。如有些豪華酒店為了迎合客人，"鋪設珍玉、奇玩、匹帛、動使、茶酒、器物關撲"（宋·孟元老《東京夢華錄》卷七）。北宋開封的金明池、瓊林苑等皇家林苑中，竟然以車馬、地宅、歌姬、舞女等為關撲對象，極盡豪奢。

關撲的參與者甚多，下至販夫走卒，上至將相豪貴，都喜歡參與，女性也非常喜歡關撲。《東京夢華錄》中提到："向晚，貴家婦女縱賞關賭，入場觀看，入市店飲宴，慣習成風，不相笑訝。"她們喜歡的物品自然也有所不同，主要是香囊、畫扇、珠佩、鮮花之類。關撲在宋代極為普通和平常，街上到處有人挑擔關撲，如《今古奇觀》中有一篇《趙縣君喬送黃柑子》，即反映了這種現象。該篇描寫一位宣教郎，想勾引別家女子，此時關撲商販經過，宣教郎心不在焉地關撲，接連輸錢：

一日，正在門首坐地，呆呆的看着簾內。忽見個經紀，挑着一籃永嘉黃柑子過門，宣教叫住，問道："這柑子可要博的？"經紀道："小人正待要博兩文錢使用，官人作成則個。"宣教接將頭錢過來，往下就撲。那經紀蹲在柑子籃邊，一頭拾錢，一頭數數。怎當得宣教一邊撲，一心牽掛着簾內那人在裏頭看見，沒心沒想的拋下去，撲上兩三個時辰，再撲不得一個渾成來。算一算，輸了一萬錢⋯⋯欲待再撲，恐怕撲不出來，又要貼錢；欲待住手，輸得多了，又不甘伏。

這是生活中的普通場景，可以看出關撲的形式和普遍性，以及關撲參與者的心理變化。

對賭博的禁止

賭博激發人的僥倖心理，贏者還想繼續贏，輸者不甘於失敗，往往使人深陷其中不能自拔。而其中有許多欺騙手法，輸者最後以至於傾家蕩產，鬧出人命的事例層出不窮。所以賭博向來為官家所禁止："四民之所不收，百害之所必至。始而賭博，終而盜賊；始而嬉戲，終而鬥毆；始而和同，終而必爭。敗事喪家，皆由此始，固官司之所必禁也。"（明·張四維輯《名公書判清明

圖4-20 清末的番攤賭坊

集》卷十四）但關撲還有更多的遊戲娛樂性質，且廣為大眾喜愛，故官方又會在一些節日放開禁賭令，如《東京夢華錄》就談到："十一月冬至，京師最重此節……官放關撲，慶賀往來，一如年節。"春節亦是如此："正月一日年節，開封府放關撲三日。士庶自早互相慶賀，坊巷以食物、動使、果實、柴炭之類，歌叫關撲。"

　　賭博平時是受到禁止的行為，所以許多人在夜間偷偷進行，以躲開官府的管控。清乾隆《續外岡志》卷二就說："近有無賴，率尚賭博，始猶宵聚曉散，今則沿街設局，名曰寶場。""宵聚曉散"是很嚴重的罪名，古代官府對夜間活動有很嚴格的管理措施，以維持社會秩序的穩定。

　　民間對賭博也是一直加以批評和抑制，如古人反覆提醒說，親戚朋友之間不可賭博，否則親情和友情就難以為繼了："博戲之交不日，飲食之交不月，勢利之交不年，惟道義之交，可以終身。"（宋・劉炎《邇言》卷六）但是儘管有官方嚴厲的懲治措施，有民間道德的評判，賭博之風在中國社會中還是一直難以根除。

樂意相關禽對語：
古人生活中的寵物

　　古人喜歡寵物，上至皇家宮廷，下到平民百姓，這種風氣都非常流行。動物與人之間，原本只是實用或敵對的關係，但人與寵物之間更多的是情感關係，養寵物也成為人們怡情養性的休閒方式。養寵物行為本身，因此也被賦予了更多的文化和情感意味。而沉迷於養寵物，人為 "物" 役，也常被批評是 "墮落" 的標誌。就如許多著述在批評八旗紈綺子弟時，都會提到他們整天就知道提籠架鳥、鬥鷹走狗。其實在明清時期，鳥與狗也都是百姓喜歡且能養得起的寵物。古代寵物大致可分為貓、狗、禽鳥、魚等幾大類，也有其他不常見的寵物，如虎、豹之類。

禽鳥

　　禽鳥討人喜愛，活潑有趣，生機盎然。白鴿、鸚

圖4-21　唐代貴族女子與寵物

鵡、雀、鶴、鷹等，都是古人喜歡養的禽鳥。古代帝王尤其有養鳥的條件，如最有文藝格調的皇帝宋徽宗在"藝文之暇，頗好馴養禽獸以供玩"（宋·岳珂《桯史》卷十）。宋高宗也喜歡養鳥："好養鴿，躬自放飛。"（《古杭雜記》）

　　養鳥的樂趣之一在於聽其鳴叫，鳥能通過人的調教訓練，發出複雜的聲音。據說明武宗喜歡畫眉鳥，他聽說以鵝腦餵養畫眉，能令其聲巧善鳴，就下令光祿寺每天供應三百隻乳鵝腦來餵畫眉。這種勞民傷財的養法不是一般人能承受得起的。

　　張岱在《陶庵夢憶》中談到其祖父母喜歡養鳥，共有舞鶴三對，白鷳一對，孔雀兩對，吐綬雞一隻，白鸚鴝、鷯哥、綠鸚鵡十數架。其中有一隻叫"寧了"的異鳥，"身小如鴿，黑翎如八哥，能作人語，絕不含糊"。當祖母叫使婢時，牠就應聲曰："某丫頭，太太叫！"有客人至，則叫："太太，客來了，看茶。"家裏有一個新娘子嗜睡，此鳥黎明即叫："新娘子，天明了，起來罷！太太叫，快起來！"新娘子不起，就罵道："新娘子，臭淫婦，浪蹄子！"新娘子由此懷恨在心，用毒藥將此鳥毒殺。張岱懷疑寧了就是秦吉了，這種鳥又名鷯，主要產於雲南南部、廣西南部及海南島等地，靈敏

圖4-22　禽浴

聰明，訓練後能模仿人語及動物叫聲。

　　鴿子也是較為常見的禽鳥。宋人葉紹翁《四朝聞見錄》說："東南之俗，以養鵓鴿為樂，群數十百，望之如錦。" 其實不只是東南，全國各地都養鴿子，古代還有信鴿，用以千里傳信。一般的鴿子都是群養群放，場面壯觀。人們還把哨子掛在鴿子尾部，鴿子飛翔之時，哨子能發出各種不同的聲音。《燕京歲時記》就記載："凡放鴿之時，必以竹哨綴於尾上，謂之壺盧，又謂之哨子。壺盧有大小之分，哨子有三聯、五聯、十三星、十一眼、雙筒、截口、眾星捧月之別。盤旋之際，響徹雲霄，五音皆備，真可以悅耳陶情。"

　　北宋名士林逋隱居西湖孤山，不仕不娶，喜歡植梅養鶴，自稱 "以梅為妻，以鶴為子"，所以有 "梅妻鶴子" 之說。"林逋隱居杭州孤山，常畜兩鶴，縱之則飛入雲霄，盤旋久之，復入籠中。逋常泛小艇遊西湖諸寺，有客至逋所居，則一童子出應門，延客坐，為開籠縱鶴，良久，逋必棹小船而歸，蓋嘗以鶴飛為驗也。"（宋·沈括《夢溪筆談》卷十）

養魚和釣魚

　　金魚是家庭中常見的寵物。園林的湖溪之中，往往有金魚點綴，室內也可用魚缸蓄養。養魚之風始於北宋，理學家程顥說："養小魚，欲觀其自得意，皆是於活處看。"（宋‧羅大經《鶴林玉露》乙編卷三）看重的就是小魚身上的生機與活力。宋代最流行養的就是金魚，民國時人胡懷琛在《金魚譜》中考證說："金鯽魚，宋以前未見於詩人詠吟，大抵宋後始盛。"宋代也流行釣魚，有些皇帝喜歡釣魚，與侍臣同釣，侍臣雖先得魚，但因為皇帝還未釣到魚，就不敢舉竿。

動物鬥戲

　　古代動物鬥戲很多，如鬥雞、鬥蟋蟀、鬥鵪鶉、鬥牛等。鬥雞起源很早，《戰國策‧齊策》中談到齊國的繁盛："臨淄甚富而實，其民無不吹竽、鼓瑟、擊築、彈琴、鬥雞、走狗、六博、蹹鞠者。"

　　古代民間很喜歡鬥雞，鬥雞成為中國文化的一個重要組成部分。美國漢學家高德耀（Robert Joe Cutter）還專門寫了一本名為《鬥雞與中國文化》的書，詳細梳理了鬥雞的形式、特點及其文化史意義。

　　鬥蟋蟀在吳、越等地非常流行，早期人們只是通過鬥蟋蟀來休閒，"金盆玉籠，聊寄閒情云爾"（清‧諸聯《明齋小識》卷九），算是一種閒人雅事。《燕京歲時記》說："當

圖 4-23　鬥雞

秋令時，一文可買十餘枚。至十月，則一枚可值數千文。蓋其鳴時鏗鏘斷續，聲顫而長，冬夜聽之，可悲可喜，真閒人之韻事也。"但後來為勢利之徒利用，逐漸成為賭鬥的工具，"自以財帛角勝負，而網利之徒設阱以誘，則戲而為博也"（清·諸聯《明齋小識》卷九），由遊戲而變為賭博了。秋天鬥蟋蟀時，聚集各色人等，慢慢形成了一個與常態社會不同的"隱遁的社會"。（牟利成《隱遁的社會：文化社會學視角下的中國鬥蟋》）清代孫珮《蘇州織造局志》記載："吳俗，每歲交秋，聚鬥蟋蟀。光棍串同局役，擇曠僻之所，搭廠排台，糾眾合鬥，名曰'秋興'。無賴之徒及無知子弟，各懷銀錢賭賽，設櫃抽頭。鄰省別屬，罔不輻輳，每日不下數千人，喧聲震動閭閻。"因為蟋蟀難得，有人專門捉蟋蟀拿去賣錢："秋七八月，遊閒人提竹筒、過籠、銅絲罩，詣叢草處、缺牆頹屋處、磚壁土石堆磊處，側聽徐行，若有遺亡，跡聲所縷發而穴斯得。"（明·劉侗、于奕正《帝京景物略》卷三）

古代有些地方流行鬥鵪鶉，一般在秋冬時節進行。鵪鶉"又名'早秋'，籠至次年，尤善鬥，恆在把握間玩之"（清·李聲振《百戲竹枝詞·鬥鵪鶉》）。京城之中"膏粱子弟好鬥鵪鶉，千金角勝。夏日則貯以雕籠，冬日則盛以錦囊，飼以玉栗（粟），捧以纖手，夜以繼日，毫不知倦"（清·潘榮陛《帝京歲時紀勝》）。

中國古代亦有鬥牛之風，如清代浙江一帶尤為盛行，當中以金華最為有名。"金華人獨喜鬥牛……每逢春秋佳日，鄉氓祈報祭賽之時，輒有鬥牛之會。先期治觴延客，竭誠敬。比日至之時，國中千萬人往矣。"鬥牛之日，組織者會專門闢出場地，搭設台子，圍觀者簇擁而至，牛頭簪花，紅綢披身，鑼鼓開道。參與的牛數十頭，兩兩相鬥，最後決出勝負，場面有時血腥殘酷："蒼黃抵觸，血肉淋漓，奔逃橫逸，濺泥滿身，衝出堤塍，掀翻台凳，不可牽挽。於是老婦孺子暨粉白黛綠者，嘩然爭避。或失足田中，或倒身岸下，遺簪墜珥，衣服沾濡，頭面污損，相將相扶而去。"（清·陳其元《庸閒齋筆記》卷五）這場面簡直可與西班牙鬥牛節相比了。也有主人不服氣而相互爭鬥者，更是增加了場面的混亂。"金華近例，正月，鄉人買健牛，各赴場相角，決勝負，至群毆，不能禁。"（清·談遷《北遊錄·紀聞下》）

寵物店

古代就有寵物店和專門馴養動物的機構，如在北宋開封最繁華的商業街潘樓，就有專門馴養鷹的"鷹店"。大相國寺是"萬姓交易"的地方，"大三門上皆是飛禽貓犬之類，珍禽奇獸，無所不有"（宋·孟元老《東京夢華錄》卷三）。也有專門豢養動物，供人參觀遊玩的地方，類似今日的動物園。北宋的玉津園，乃是皇家林苑，"諸國所貢師（獅）子、馴象、奇獸列於外苑，論群臣就苑中遊宴"（《玉海》引《祥符諸國奇獸》）。

調教動物的現象，在宋代被稱作"教蟲蟻"。古代的寵物很多，除了貓、狗，還有鸚鵡、孔雀、白鷳、鷺鷥等。尤其是鸚鵡，因能模仿人言，給人增添了很多樂趣。文人雅士還調教鸚鵡讀詩："等候大家來院裏，看教鸚鵡念新詩。""碧窗盡日教鸚鵡，念得君王數首詩。"（五代·花蕊夫人《宮詞》）還有人調教動物用以表演賺錢，如直到近現代還在流行的耍猴、海哥（海豹）表演、鬥雞、馴象、耍蛇、鬥蟋蟀等。

圖 4-24　古代的寵物狗

第五章

遊逸：交通、旅行與遊樂

人類的流動產生了旅行。最初人們只是出於一定的原因而外出，但沿途的景色、風土人情等，也會讓人獲得愉悅的感受，後來就逐漸出現專門為了休閒的旅遊。旅遊作為一項純粹休閒活動出現，與人對生活的態度有關。休閒旅遊讓人擺脫了單一的實用勞動，進入到自由安閒的狀態。旅遊中遊山玩水現象的出現，取決於人們對待自然觀念的變化。自然不再是恐怖、艱難的自然界，而是充滿審美趣味的自然而然的所在。同時，不同的交通方式，也影響着旅遊的活動範圍和體驗效果。

春風得意馬蹄疾：
古代的交通方式

古代不同朝代、不同地區的出行方式各異，但交通工具大致以畜力（驢、馬、騾、牛、駱駝等）、人力（轎子、近代以後的人力車等）、水力（船等）為主。南北方因地理條件與交通條件不同，交通工具也有所不同，大致是南船北車。南方多水路，水網密佈，出行以船為主；北方多旱路，出行多依賴車馬。

畜力交通

古代廣泛使用畜力交通工具，所用的牲畜包括牛、馬、驢、騾、羊、大象、駱駝、鹿等。有時直接用來騎行，有時則用來拉車。

中國人使用牛的歷史很久遠，牛很早就用以引重致遠，據說在商代就開始使用牛車。牛車主要為普通大眾所使用，但有時官員們也乘坐牛車。如漢初，經過多年戰亂，馬匹緊缺，"自天子不能具醇駟，而將相或乘牛車"，就連天子也不再乘坐馬車，以示節儉，"躬修儉節，思安百姓"（《漢書·食貨志》）。在古代，商人的地位不高，不能乘坐馬車，所以牛車就成了商人們主要的交通和運載工具。漢代有些大商人擁有成百上千輛的牛車。

圖 5-1　騎牛出遊

與牛相比，馬更為貴重。交通工具與權力、地位、經濟能力等多種因素有關，從商周時期開始，馬車就成為王公貴族專門乘坐的交通工具。因為馬車貴重，皇帝顯貴們在死後往往會用馬車來殉葬。馬車在古代詩文中常會作為威儀、奢華的代表，"四牡彭彭，八鸞鏘鏘"，"四牡騤騤，八鸞喈喈"（《詩經·大雅·烝民》），顯示了場面的宏大壯觀。其中提到的"四牡"即四匹公馬，乘坐四匹馬拉的車，這在古代是極高的規格。俗語說："一言既出，駟馬難追。"駟馬就是四匹馬拉的車子。

有實力者自養馬匹，稍遜者可以租賃。宋代出行租馬的現象十分普遍："良孺以貧，不養馬，每出，必賃之。"（宋·魏泰《東軒筆錄》卷九）租賃的價格也不太貴："尋常出街市幹事，稍似路遠倦行，逐坊巷橋市，自有假賃鞍馬者，不過百錢。"（宋·孟元老《東京夢華錄》卷四）史籍中有很多有關租賃的細節，比如單程和往返的價格不同："京師人多賃馬出入。馭者先許其直，必問曰：'一去耶？卻來耶？'苟乘以往來，則其價倍於一去也。"（宋·魏泰《東軒筆錄》卷九）

《呂氏春秋·古樂篇》說："商人服象，為虐於東夷。"是說商代人就馴化了大象，並用於對東夷的征服活動。這時對大象的使用，多是載重和騎乘。《禹貢》中有豫州，河南省簡稱為豫，都說明古代中原地區大象

圖 5-2　春日郊遊

很多，只是後來象群南遷，在戰國末期，中原地區就已
經很難見到大象了。（徐中舒《殷人服象及象之南遷》）

人力交通

　　古代的人力交通工具以轎子為代表。轎子是在宋
代出現的，大概是由之前的肩輿、步輦等交通工具改製
而成的。北宋時期，乘轎之風興起，尤其在宋室南渡之
後，因為南方道路濕滑，不利於騎馬或乘坐馬車，轎子
就更加流行了。轎子輕便，一些車馬不便行走或偏僻
之處，都能使用轎子；轎子乘坐舒適，不像車馬那樣顛
簸；轎子的形制不斷改進，內部越來越寬敞明亮；乘坐
轎子的成本較之其他工具相對較低——這些因素都促
進了乘轎之風的流行。

　　雖說轎子使用普遍，但並非所有人都能任意乘坐。
至遲到明代，官方已經制定了完善的乘轎制度，其中尤
其涉及乘轎者的等級身份、文武之別、下轎避道，以及
優禮寵信等問題。如明代規定官轎為四人抬的大轎，而
民轎則只能是二人抬的小轎。又如明孝宗時規定，任武
職的官員，不分老少，皆不許乘轎。有時候皇帝為了體
恤或獎賞下屬，也會特許一些人乘轎："故事百官出入
皆乘馬。建炎初，上以維揚磚滑，謂大臣曰：'君臣一

體，朕不忍使群臣奔走危地，可特許乘轎。'"（宋·李心傳《建炎以來朝野雜記》甲集卷三）通過這些規定，官方強化了政治權威、社會秩序，以及群體文化身份。

明代後期，經濟繁榮，許多商人在獲利之後，往往通過捐官來提高自己的社會地位，一旦有了一個有名無實的官職，他們便乘轎招搖過市。對於這種現象，有人就批評說："近開捐納之例，於是紈綺之子，村市之夫，輦貲而往，歸以搢紳自命，張蓋乘輿，僕從如雲，持大字刺，充斥衢巷，揚揚自得。"（清·董含《三岡識略》卷十）

對於乘轎，很多人持否定看法，因為乘轎往往體現的是社會中炫富攀比、貪圖享樂的風氣，而且轎子使用的是人力，不合於人道。朱熹說得很清楚："南渡以前，士大夫皆不甚用轎，如王荊公、伊川皆云'不以人代畜'。朝士皆乘馬。或有老病，朝廷賜令乘轎，猶力辭後受。自南渡後至今，則無人不乘轎矣。"（《朱子語類·法制》）

新式交通

在中西交流開啟之後，西方新式交通工具傳入中國，同時，中國人也更新了一些傳統的交通工具。在這一過程中，傳統的以畜力、人力、水力等為動力的交通工具，逐漸讓位於以機械、蒸汽、電力等為動力的交通工具。交通工具並不只是代步而已，其變化改變了人們的出行方式，擴展了活動範圍，從而改變了人的生活方式。清代袁祖志《滬上竹枝詞》說："松風麗水共評茶，行道遲遲路有車。" 交通工具的便捷，對人的休閒娛樂生活，亦有着巨大的影響。

外來的一些半機械式交通工具如西式馬車、人力車等，較之傳統交通工具方便快捷、平穩舒適，廣受人們歡迎，在滿足基本出行的需求之外，也成了身份和時髦的象徵。近代上海，追求新奇的青年或紈絝子弟，把乘坐馬車逛街看作是炫耀式的休閒活動，有人將此稱為 "兜圈子"："兜圈子者，滬人乘坐馬車，周行繁盛處所之謂也。初至滬者及青年之男女皆好之，招搖過市，借以自炫，曰出風頭。"（清·徐珂《清稗類鈔》）當時的靜安寺路、福州路等，頗多此類招搖之舉動，西式馬車，美人擁繞，這樣 "飛車擁麗" 的場面成為街頭一景："華人於每日午後，往往爭雇馬車馳騁靜安寺路中……間有挾妓同車，必繞道福州路二三次，以耀人目，招搖過市，以此為榮。"（胡祥翰《上海小志》卷三）此中所提到的 "挾妓同車"，是士商自古就有的狎癖，現代都市之中，又有了新的演繹方式。這一舉動似乎是滬遊所必有的項目：“洋場大路，其平如掌。當夫風日清和，偕二三知己，沿黃浦灘，登品泉樓，見夫裙屐少年，或攜仙眷，或挾歌姬，無不繡轂雕輪，絡繹爭飛而去。夜冷宵深，猶不肯整鞭而歸，其樂可知矣。此馬車也，亦遊滬者必有之事也。”（池志澂《滬遊夢影》）馬車本為代步工具，到了中國反成了觀光遊覽、炫奇耀富的手段：“華人之坐馬車者，大率無事之人居多，故馬車若專為遊觀而發。”（《申報》1896 年 7 月 16 日）真是有趣的中國特色。

人力車是日本人的發明，1871 年引入上海，最早被稱為“腕車”或“東洋車”。人力車輕便舒適，行動靈活，價格較之馬車和傳統的轎子也便宜不少，遂大受歡迎，乘坐人力車也成為一時風尚。對外來新器物和新技術，守舊之人往往以怪異之物視之，蒸汽火車、汽車等，都遭遇過這樣的排斥，就連簡單的人力車，有些人也將其視為妖物。天津街頭仿製的人力車，“藻飾華麗……每行街上，遊人駐足一觀。年高有德之士，以妖歎之”（戴愚庵《沽水舊聞》）。最讓人震撼的交通工具當屬火車。1865 年，英國人曾在北京鋪設了一小段鐵路，火車迅疾如飛，人們不明就裏，引起很大恐慌，“京人詫為妖物”，後來官府飭令拆除，“群疑始息”。（清·徐珂《清稗類鈔》）

最早的載人火車於 1876 年出現在上海，自上海租

圖 5-3　與三輪車夫討價還價的外國海員（1949 年 4 月）

界到江灣碼頭，總長近十公里。火車開通之後，引起巨大轟動，試乘者、參觀者如潮而至，當時各大報紙視之為新聞，報道很多。"坐車者盡帶喜色，旁觀者亦皆喝彩。"火車站及火車道沿線，人頭攢動，爭相觀看。那時攜家人或友人乘坐火車，成了一種新時尚。"上海至吳淞新築之火車鐵路，為向來所未有，誠一大觀也。車輛往返每日六次，而客車皆擁擠無空處。即城內終年幾

不出門外半步者，聞有此事亦必攜家眷一遊。"（《申報》
1876 年 7 月 10 日）在火車運行的第一年裏，總共載客
十六萬餘人次，可見受歡迎程度之高。

因為火車的修建未獲得官方許可，加上佔地糾紛和
交通事故等原因，後來不得不停運。《申報》上曾刊載
時人的對話，從中可以看出火車已經對普通人的日常生
活產生了極大的影響：

　　火車停行已數日矣，日昨與友數人同在茶樓品
茗……詢曰："君往吳淞，何以又能偷閒來此？"　答

圖 5-4　中國第一條營運鐵路吳淞鐵路（《倫敦新聞畫報》）

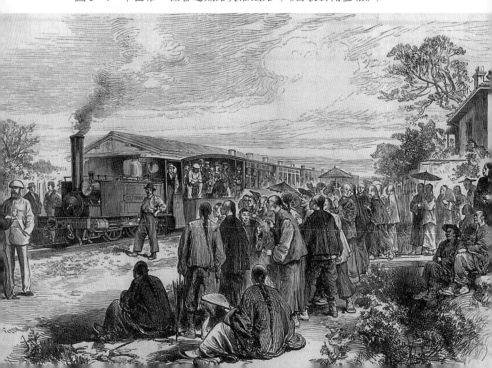

曰：「候潮退耳。若如數日前有火車時，余固可以去而復返矣。」語罷歎息久之。復有一人至隔座，人詢問如前，答曰：「風太大，船戶不肯開行，須候風息始能開往耳。」又詢曰：「君有急事，何以不棄舟而車乎？」答曰：「如此大風，塵眯人眼，車夫不能張目，安能推車？若尚有火車，何至行路如此艱難？」於是圍坐同聲歎息停止火車有損無益，並云從前未見火車，亦均不知火車好處，今已行有數月，往來淞滬者均稱其便，一旦停歇，殊令人皆往來不便。（《申報》1877 年 10 月 26 日）

一生好入名山遊：
古人的旅遊

古代旅遊文化

　　中國古代旅遊的類型很豐富，如民間的遊春踏青，文人的遊學、雅遊，官員的宦遊，僧道的雲遊，君王的巡遊，商人的遊賈，俠士的遊俠，閒人的遊蕩等。

　　相對而言，中國文化重鄉土情懷，安土重遷，不願輕易離鄉遠遊。德國哲學家黑格爾（Georg Wilhelm Friedrich Hegel）在《歷史哲學》中認為文化有其地理基礎，地理類型有三種 —— 高地、平原和海洋，相應地，形成了遊牧文明、農業文明和商業文明。中國是典型的農業文明，其生存特點是高度依賴於農業和土地，土地難以搬遷，所以人們就依託於土地世世代代安居下來。旅行對於古人來說，是十分不情願的事，常被看作悲苦之事。古人一旦離鄉，便開始表達思鄉之情，所以中國文學中,思鄉是重要主題之一。"世難那堪恨旅遊,龍鍾更是對窮秋。故園千里數行淚,鄰杵一聲終夜愁。"(唐·賈島《上谷旅夜》)旅途之中總是充滿了愁緒。

旅遊的道德性

古代旅遊的內涵與現代有較大的差別,古代的旅遊多出於實用性目的,而現代的旅遊則強調純粹的休閒娛樂功能。明清時期追求逸樂的旅遊頗為流行,但是在中國古人的觀念之中,單純的遊樂是要受到批評的。旅遊要符合一定的道德和規範,古代有一些與旅遊相關的詞彙,如遊蕩、逸遊、淫遊、遊冶、浪遊、遊燕、盤遊等,都是包含着貶義意味的。(謝貴安、謝盛《中國旅遊史》)

皇帝的巡遊是野史、筆記之中常加以渲染的題材,這種極盡奢華的出遊勞民傷財,常會受到大臣和百姓的批評。清代大臣吳熊光最有名的事跡就是批評嘉慶皇帝的出巡。乾隆帝六次出巡,風光無限,嘉慶帝想繼承這一傳統,有次東巡返回,吳熊光等人迎駕。嘉慶帝說:"道路風景甚佳!"吳熊光越次進言說:"皇上此行,欲稽祖宗創業艱難之蹟,為萬世子孫法,風景何足言耶?"大概就是說,東巡自有追思先祖、昭告後人的意

圖 5-5　康熙帝南巡至紹興謁大禹廟

思，風景不是你此行的重點。皇帝又說，我去過你老家
蘇州，"其風景誠無匹"，實在上佳。吳熊光卻說："皇
上所見，乃剪彩為花。蘇州惟虎丘稱名勝，實一墳堆之
大者！城中河道逼仄，糞船擁擠，何足言風景？""墳
堆"、"糞船"這些話實在是大煞風景，皇帝似乎有點
不悅，說如你所言，那麼皇考乾隆為何要六下江南呢？
吳熊光回答說："皇上至孝，臣從前侍皇上謁太上皇帝，
蒙諭'朕臨御六十年，並無失德。惟六次南巡，勞民傷
財，作無益，害有益。將來皇帝如南巡，而汝不阻止，
必無以對朕'。"（《清史稿·吳熊光傳》）此話是否為乾
隆帝所言，暫且不論，但吳熊光藉此說出了大眾對於皇
帝們這種勞民傷財的旅遊的批評態度。

文人的旅遊

中國文人雖有"父母在，不遠遊"的一面，但也有"讀萬卷書，行萬里路"的另一面。荀子說："不登高山，不知天之高也；不臨深谿，不知地之厚也。"這種文教與踐行相結合的觀念，也深深嵌在士大夫的生活哲學之中。明末清初的文人張履祥談到文人旅遊時，認為有"三樂"："一者盡交其地所產賢人，一者多購其地所傳典書，一者登覽其地山川奇麗，與夫古人往蹟。"（《楊園先生全集》卷四《寄倪寄生闡中》）

明清時期，文人的旅遊之風尤盛，這種風氣除受商業文化的影響，同時也是士大夫塑造文人品味的一種方式。他們呼朋喚友，遊山玩水，作詩唱和，遠離俗世之塵囂，在幽靜的山水之中寄託雅致的情趣，以凸顯文人的高雅文化身份。與這一風氣相關聯的是，在明代中後期出現了大量的文人遊記。遊記寫作在明代中前期並不太多，但是在嘉靖時期逐漸增多，到萬曆時，更是大量出現。

文人旅遊頗為講究，攜帶遊具很多。很懂生活趣味的張岱就說："凡遊以一人司會，備小船、坐氈、茶點、盞箸、香爐、薪米之屬，每人攜一簋、一壺、二小菜。遊無定所，出無常期，客無限數。過六人則分坐二舟，

圖 5-6　文人理想中的出遊

有大量則自攜多釀。"（《瑯嬛文集》卷二）真是雅致又隨性的趣味之旅。從高濂《遵生八箋》、屠隆《遊具雅編》及文震亨《長物志》等著作中可以看到，古人攜帶遊具多樣且複雜。竟也有人在旅遊時攜帶煙火助興，明代李日華就在日記中記載，他和朋友出遊，攜帶歌伎和歌童，"遊者鼓吹間作，絲肉雜陳，亦有以火花煙爆佐之者"（《味水軒日記》卷二）。

　　古人出遊所攜帶的物品中，還有地圖。元代李東有

圖 5-7　春遊晚歸

的《古杭雜記》就提到，杭州驛路邊的白塔橋，有售賣地圖的地方：「驛路有白塔橋，印賣朝京里程圖。士大夫往臨安，必買以披閱。」

　　與友人同遊，是文人們交遊的一種方式。袁宏道在吳縣任知縣時，曾寫信邀請朋友共遊太湖：「近日遊興發不？茂苑主人（引者按：袁宏道自稱）雖無錢可贈客子，然尚有酒可醉，茶可飲，太湖一勺水可遊，洞庭一塊石可登，不大落莫（寞）也。如何？」（《與丘長孺書》）

近代旅遊

　　近代的旅遊與古代的旅遊有諸多不同。交通的便捷使得旅遊的範圍擴大，純粹以休閒為目的的旅遊增多，專業的旅行社對於旅行路線進行了專業規劃，在旅途之中也能提供專業的服務，賓館為出行的人們提供乾淨舒適的休憩環境。近代以來，新式的賓館開始出現，如北京的六國飯店、華東飯店，天津的新亞飯店，上海的禮查飯店、和平飯店、國際飯店等。這些賓館多為西式建築，高聳巍峨，窗明几淨，設施先進，服務周到。如 1907 年有關上海旅館的介紹文字這樣說：「英租界三馬路上海旅館，系前祥發棧舊址改設。共七開間高大洋房三進，院落極大，房間極寬，是以光線甚明，空氣甚足，最於衛生有益。院中恆植奇花異卉，令人入此室處，幾忘身在客中，實為旅館放一異彩。餘如席帳被褥器用各物，悉仿西式，異常潔淨。閱報室之羅列各種報紙，遊戲室之備具風琴、手琴、圍棋、象棋等物，令客消遣旅情。"（《圖畫日報》第一冊《上海旅館》）

畫舫尋春載酒行：
遊船與逸樂

在古代，乘船遊覽、蕩舟湖上，算是一種最為愜意的休閒娛樂方式。明清旅遊風氣的興盛，大概也與交通工具的進步有關，尤其在江南地區，舟船是最主要的交通工具。《吳縣志》中說："吳人好遊，以有遊地、有遊具、有遊伴也。"遊具之中，船大概是最不可缺的。江南地區著名的旅遊勝地有蘇州的虎丘山塘、南京的秦淮河、杭州的西湖和揚州的瘦西湖等，除此之外還有嘉興的南湖、無錫的太湖等，這些地方都與水有關。江南各地水網遍佈，生活娛樂多依靠船隻。

遊船的類型

遊船的種類很多，清代厲鶚所作的《湖船錄》，記述杭州西湖的各種遊船類型達九十多種。明清時期，造

圖 5-8　清代繁盛的船運

船技術提高，遊船的美觀和舒適度也大幅提升："初有
航船、遊山船、座船、長路船，今為浪船、樓船，朱欄
翠幕，淨如精廬，遊人往往召客張燕其中。"（明崇禎《松
江府志》卷七）遊船按照功能大致可以分為畫舫（花船）、
酒船、戲船、燈船、遊山船、江山船等。

　　樓船是一種特別豪華的遊船，較之一般的船隻高
大很多，"船上加樓，極彩繪之華"（葉廣度《中國庭園
記》）。後來大概只要是高大華麗的遊船都稱為"樓船"，
而不一定有數層之高，"湖舟具有樓名，而實無樓"。
但儘管或沒有樓，但船上卻都窮奢極欲，豪華之至："春
水登之，宛如天上坐也。"（明·虞淳熙《浮梅檻詩序》）

　　明清時期船隻的裝備也大為改進，比如開始普遍採

圖 5-9　東晉顧愷之《洛神賦圖》中的樓船

用玻璃,採光效果以及夜晚燈光映照之下的反光效果,
都令人稱奇:"(蘇州)虎丘山塘,七里鶯花,一湖風
月,士女遊觀,畫船簫鼓。舟無大小,裝飾精工,窗有
夾層,間以玻璃,懸設彩燈,爭奇競巧,紛綸五色,新
樣不同。"(清·顧祿《清嘉錄》卷六)而清代甘熙的《白
下瑣言》也提到南京"秦淮燈船昔人稱之,今則純用玻
璃,四面始耀"。在晚清民國時期,又出現了機器船,
速度是之前的人力船所遠遠不及的,"駛行如飛,極乘
風破浪之樂"(清·范祖述著,洪如嵩補輯《杭俗遺風》),
是一種全新的遊覽體驗。

船隻租賃

　　在遊覽勝地，遊船的租賃也十分方便快捷，能滿足人們多元的需求。如清代南京出現一種名為"四不象"的新式遊船，"出奇制勝，人爭雇之，此亦厭故喜新之一端也"（清·甘熙《白下瑣言》）。張岱在《陶庵夢憶》中提到，在蘇州盛夏時節，船隻租賃異常火爆，各類船隻往往都是一租而空，遠來的遊客，就算是手持萬貫，也是一艘小船也租不到。船隻租賃價格昂貴，在晚清時

圖 5-10　長江中的遊船

圖 5-11　風雨歸舟

期的南京，秦淮河上的頭等樓船租金約洋十元。當然也有極為低等的小船，船艙中不點燈，被稱為"摸黑"，租金大約洋七八角。

燈船

燈船最能體現都市繁華，槳聲燈影，水火相映，人人盛裝靚服，船隻精心裝置。明代余懷的《板橋雜記》中"實錄"了秦淮河燈船之盛況："秦淮燈船之盛，天下所無，兩岸河房，雕欄畫檻，綺窗絲障，十里珠簾……薄暮須臾，燈船畢集，火龍蜿蜒，光耀天地。揚槌擊鼓，蹋頓波心。自聚寶門水關至通濟門水關，喧闐達旦。桃葉渡口，爭渡者喧聲不絕。"古代在一些重要節日取消宵禁，使得人們可以暢意遊玩，晚上的遊樂尤其能放鬆心情。良辰美景，聲光迷亂，官方也有意鬆弛嚴苛的社會管控與道德約束，讓人們享受賞心樂事。此情此景，也最能體現國家的昇平氣象。

遊船上的服務

遊船上提供的服務很多，有飲食、酒水、歌舞、戲曲。在一些遊覽勝地，有酒船跟隨穿梭在畫舫中間，隨時可以提供酒食，這類船常被稱為"行庖"、"水宴"等。有些船專門提供餐飲服務，船夫撐船，船娘做菜："船娘多嬌，不任舟楫事……船之大者置二筵，小者受五六客，而妙麗聞四方"。（清·袁景瀾《吳郡歲華紀麗》卷三）遊人可以登臨上船，蕩舟水上，邊吃邊觀覽風景，這類船被稱為"火食船"。"凡有特客或他省之來吾郡者，必招遊畫舫以將敬……以小舟載僕輩於後，以備裝煙問話。盤餐或從家庖治成，用朱紅油盒子擔至馬頭，伺船過送上；或擇名館，如便意、新順之類代辦，以取其便；又或傭僱外間庖人，載以七板兒兩隻，謂之'火食船'。"（清·捧花生《畫舫餘譚》）《揚州畫舫錄》中提到揚州用駁鹽船改造成酒船，大船可以置辦三桌酒席，稱為"大三張"，小船稱為"小三張"，其他的酒船名目繁多，如"絲瓜架"、"飛仙"、"江船"、"搖船"、"牛舌頭"、"划子船"、"雙飛燕"、"太平船"、"玻璃船"等。

遊船之中亦有情色服務。明清時期，商人與士大夫攜妓出遊，似成風尚，在當時司空見慣。此風氣在蘇州尤盛，所有遊船之中，常會出現這些交際花的身影："吳中士夫畫船遊泛，攜妓登山，虎丘尤甚，雖風雨無寂寥之日。"（明隆慶《長洲縣志》卷一）有的遊船會配有妓女，良辰令節，豪民富賈登船遊玩，"柳陰深

圖 5-12　端午競舟

處，浮瓜沉李，賭酒徵歌，賦客逍遙，名姝談笑，霧
縠冰紈，爭妍鬥豔"（清‧顧祿《清嘉錄》卷六）。或者
直接開設水上流動妓院，"於萍水中作魚水歡"（清‧
王韜《瀛壖雜志》卷五）。

除此之外，遊船上還有歌舞、弈棋、遊戲、說書、
賭博、煙火等遊樂項目。清人袁景瀾《吳郡歲華紀麗》
這樣描寫："遊閒子弟爭攜畫舫，載酒肴，招佳麗，呼
朋引類……佳人雪藕，公子調冰，隨意留連，作牙牌、
葉格、馬吊諸戲，謂之鬥牌，或習清唱……或即涼亭水
榭，招盲女琵琶，彈唱新聲綺調。更有遊士滑稽，演說
稗官野史，雜以科諢，以資姍笑，謂之說書。"船上的
世界，簡直就是一場娛樂嘉年華。

四

旅館寒燈獨不眠：
古代的賓館

賓館是為旅人提供途中休息的處所，是"行旅所止之屋"（章太炎《新方言·釋宮》）。儘管中國古人安土重遷，流動性不強，但有些被動的旅行還是必不可少的。明清以後，旅行成為新的風尚，旅店業也逐漸發達起來。古代賓館的稱呼很多，比如：逆旅、傳舍、行舍、廬、路室、候館、蘧廬、寄寓、施舍、客館、客舍、亭、郡邸、蠻夷館、四夷館、官槥、邸店、腳店、驛傳、客次、客邸、客店、旅舍、旅邸、旅館、旅店、賓館、賓閣、賓墀、賓榻、寅賓館、茅店、店舍、店房、店肆、歇店、下處、下宿、行棧、雞毛店、飯店等。儘管各個稱呼有一些差別，功能或各有側重，但總體來說，都有臨時住宿的功能。

古代的賓館有幾種性質：一是由國家修建的，主要用於公務的館、驛、亭、傳、郡邸等場所；二是寺院、道觀等附設的山房、知客寮等，用於香客或其他旅人休息；三是商人行會設置的會館、公所、公會等，主要用於商業活動中的休憩和休閒；四是基於盈利目的的商業客棧，如客舍、旅館、車馬大店、雞毛小店，這種賓館和現在的多數賓館性質一致；五是主要提供色情服務的妓館、老舉寨等。

　　古代政府建立了四通八達的交通體系，道路上按照距離設置驛站，用於補給和休息。《周禮·地官》中就說：「凡國野之道，十里有廬，廬有飲食；三十里有宿，

圖 5-13　旅人與客舍

宿有路室，路室有委；五十里有市，市有候館，候館有積。凡委積之事，巡而比之，以時頒之。"十里有廬"、"三十里有宿"、"五十里有市"，其中廬、路室、候館，都是供休息的旅館，但有大小和檔次的不同，提供的服務也不一樣。因為政治、經濟和文化的原因，各朝代對外交流活動中，有不少來華的外族和外國人，他們居住的地方，有專門的蠻夷邸、四夷館等。

除了公務人員，流動性最大的就是商人了。古代的商人有開店經商和流動經商兩類，由於成本和利潤等原因，似乎流動性的商人更多。這些客商在外出經商過程中，一般會按照一些固定路線流動，需要旅店作為棲身之所，投宿也多會選擇固定的賓館。但也有少量商販會住在牙行，或友人家、空廟等地方。在商業發達的時期，商人增多，旅店業也就更加繁榮。《史記・貨殖列傳》說："漢興，海內為一，開關梁，弛山澤之禁，是以富商大賈周流天下，交易之物莫不通，得其所欲。"在這樣的背景下，旅店業十分興盛，官方和民間的旅店都很多。官方也特別重視旅館這樣的基礎設施，以為商業的活動確立基礎，就像曹操所說："逆旅整設，以通賈商。"（《步出夏門行》）

明清以後，隨着經濟的繁榮、交通的便捷，以及人們休閒觀念的變化，基於休閒觀光目的的娛樂性旅遊興盛起來，由此也帶來了私人經營性旅館業的發達。江南地區如南京秦淮河、蘇州虎丘山塘、杭州西湖、揚州瘦西湖，都是著名的旅遊目的地，這些城市中的旅館也非常之多。清末徐壽卿撰寫的《金陵雜誌》中，有一部分為"客棧誌"，列出了南京的一些主要客棧，如大觀樓、同益公、第一樓、蕭家客棧、大方棧、大通棧、鼎升棧、三益公、三元棧、中和棧、魁元棧、慶升棧、福來棧、泰安棧、聚賢棧、慶賢棧、集賢棧、宜賓棧、中西旅館、新豐棧、近淮賓館、長發棧、福安棧、萬悅棧、老連升棧、商務旅館、名利棧、新新旅館、榮升棧、大觀樓、寧中旅館、萬安棧、臨淮旅館、來賓棧、斌賢棧、新連升棧、富貴棧。當時賓館裏客人很多，有些賓館在節假日更是一房難求，如有人提到杭州西湖邊賓館林立，"清明時節排日無虛"（清·丁立中《武林新市肆吟》）。晚清以後，以上海為代表的一批城市迅速崛起，經濟實力的增強，近代西方科技、物質文化和生活方式的傳入，使得這些城市中的賓館也迅速繁榮起來，也給中國人帶了全新的休閒體驗。

　　古代賓館的條件不一，有些賓館如官府或富家之宅，十分奢華舒適。蘇東坡住過位於陝西扶風有名的"鳳鳴驛"後，寫了一篇《鳳鳴驛記》，裏面寫道："視客之所居，與其凡所資用，如官府，如廟觀，如數世富人之宅，四方之至者，如歸其家，皆樂而忘去。將去，既駕，雖馬亦顧其皂而嘶。”這段文字雖沒有直接描寫旅館的奢華，但通過間接描寫，還是能令人感受到其中的豪華舒適、服務周到，人住在其中，如同回到自己的家一般，忘記離開。就連馬離開時，都要回望馬槽嘶鳴。

古代雖有豪華的賓館，但普通人只能暫居簡陋的雞毛小店，這樣的條件下，更易引發旅人的愁苦之思。如清代文人蔣士銓所作的《雞毛房》：“黃昏萬語乞三錢，雞毛房中買一眠。牛宮豕柵略相似，禾稈黍秸誰與致？”形容這個小旅店就如同牛棚豬圈一般，只能用禾稈黍秸鋪墊來取暖。除了條件艱苦，安全性也是一大問

圖 5-14　清代驛站

題，一些文學影視作品中，常會出現"黑店"，住宿之人中，多有壞人出沒，就像阮籍《亢父賦》所說："逆旅行舍，奸盜所藏。"

　　旅店的服務是很豐富的，最基本的服務是提供行人的飲食、休息場所，以及為作為交通工具的驢馬備足草料，提供租賃驢馬服務等。《通典》說："東至宋汴，西至岐州，夾路列店肆待客，酒饌豐溢。每店皆有驢賃客乘，倏忽數十里，謂之驛驢。"還有更為周到的服務，如提供"燒腳湯"，即熱的洗腳水。行旅之中，人困腳乏，休息之前，能有一盆熱的洗腳水泡腳解乏，確實為一大享受。《水滸傳》第五十七回寫道："酒保一面煮肉打餅，一面燒腳湯，與呼延灼洗了腳。"這一場景是很多古代小說中常見的。更為高級一些的旅店，還可以提供歌舞、戲曲、遊戲等活動，旅客可以把酒言歡，縱情享樂，暫時忘記遊歷之苦。如岑參的詩："客舍梨花繁，深花隱鳴鳩。南鄰新酒熟，有女彈箜篌。醉後或狂歌，酒醒滿離憂。主人不相識，此地難淹留。"（《冀州客舍酒酣貽王綺寄題南樓》）

　　旅店在古代的詩文中，是描繪行旅艱苦和思念故土的重要空間意象。溫庭筠《商山早行》："晨起動征鐸，客行悲故鄉。雞聲茅店月，人跡板橋霜。"旅客一大早就要遠行，旅行之苦讓人思念家鄉，"雞聲茅店月"從此成了奔波之苦的代名詞。高適《除夜作》："旅館寒燈獨不眠，客心何事轉悽然？故鄉今夜思千里，霜鬢明朝又一年。"除夕之夜，詩人在旅館的寒燈之下，難以入眠，思念鄉土，喟歎光陰。

近現代以來西方現代化設備的傳入，更是提升了賓館的入住體驗。如賓館配備了電梯，清末民初的文人丁立中在《武林新市肆吟》中就提到杭州的賓館："扶搖直上駕飛梯，南宋花團屋頂移。墮珥遺簪燈月夜，迷樓忙煞冶遊兒。"詩下註釋說："城站旅館上有樓外樓，羅陳百戲，遊人目迷五色，樂而忘返，有電梯便升降。"這對於中國人來說，確實是全新的體驗。

第六章

身份：文人、女性與兒童

不同的社會階層和群體，有着不同的休閒生活與審美文化，就像德國哲學家西美爾（Georg Simmel）在研究時尚現象時所言，"時尚總是階級時尚"，"在社會學的關係中，時尚是一種階層劃分的產物"（《時尚心理的社會學研究》，見〔德〕西美爾著，顧仁明譯《金錢、性別、現代生活風格》）。不同的階層與群體有着不同的經濟、文化、習俗、環境等背景，正如法國社會學家布爾迪厄（Pierre Bourdieu）在《區分》一書中指出的，正是這些階層的要素塑造了我們的趣味。一個社會階層和群體往往會通過強調某些物品或行為方式，來強化自己的群體屬性與文化身份。正如有學者所指出的那樣："'品味'並非在於自己喜歡什麼東西，而在於用怎樣的方式表達怎樣的意見，以使自己與眾不同。"（〔法〕奧利維耶·阿蘇利〔Olivier Assouly〕著，黃琰譯《審美資本主義：品味的工業化》）下文涉及文人、女性和兒童三種人群，他們有着不同的休閒生活和追求。

幸有良朋同雅集：
文人的休閒與交遊

文人的生活世界

　　古代有人把生活動態與情態分為"三十六着"。"着法"是象棋的術語，是指下棋的走法，這裏所謂的"着"大概是說三十六種方式。明代人說："三十六着者，走居其一，以後依次為吃、喝、睡、坐、立、拾、笑、哭、罵、擊、蹴、彈、吹、唱、仰、俯、偃、撇、見、問、閒、尋、攜、貪、癡、哀、樂、惡、欲、窺、察、取、愛。"（《無怒軒》）清人余洪年的《舟中剳記》把這"三十六着"具體化了，他說："三十六着者，猶言三十六種行事也。列舉如下：遠足、彈琴、讀書、垂釣、賞月、看花、飲酒、吟詩、會友、策馬、乘車、遊山、玩水、閒談、獨唱、擊築、拍板、臨池、繪畫、聽曲、圍棋、餐英、品茗、泛舟、捕鳥、捶鼓、踏青、遊園、省親、夜宴、玩玉、投壺、猜謎、謳歌、觀燈、習武。"這是因為"走"排在最前面，所以俗語在表達迴避的意思時，常說"走乃為上着"。這三十六種生活方式之中，大多為休閒活動，是非常雅致的，士大夫們似乎涉及得最多。

古代儒者強調"一物不知，儒者之恥"。儒家重視六藝：禮、樂、射、御、書、數。其中包含的內容很多，有文有武。古代文人多兼善琴棋書畫，興趣廣泛，較之今日"四體不勤，五穀不分"的知識分子來說，藝術修養和實用技能，大概都是高出一籌的。因此，古代文人的休閒娛樂方式也更加多元。表面上看，現代人娛樂方式增多了，但多依賴於外在的技術和工具，而非憑借自身的才華和技藝。元代關漢卿在《一枝花·不伏老》中半是自嘲半是自誇地說："我玩的是梁園月，飲的是東京酒，賞的洛陽花，攀的是章台柳。我也會圍棋、會蹴鞠、會打圍、會插科、會歌舞、會吹彈、會咽作、會吟詩、會雙陸。"擅長的休閒項目真是不少，讓現代人自愧不如。

文人的交遊

傳統中國是典型的人情社會，中國人十分注重人際交往。中國社會以血緣宗族關係為聯繫的基礎，親緣關係在人際關係中最為重要。但是親緣關係是"給定的"，而非"選擇的"，親緣關係只表明血緣上的聯繫，卻不表示志趣上的一致。所以可選擇的朋友，就成了親緣關係之外最受到重視的一種人際關係，從交友中很能看出一個人的興趣和追求。晚明來華的耶穌會傳教士利瑪竇，就看到了這一點，專門寫了《交友論》一書，以拉近與中國文人的關係。

在科舉興起之前，多是通過察舉的方式推舉任用道德高尚之人，所以一個人能取得鄉里讚譽、宗黨好評，是步入仕途的重要前提。魏晉時期士人十分重視結

圖 6-1　蘇武與李陵

交賢士，社會中也盛行人物品評的風氣。一旦有了廣泛的朋友圈子，就會為自己營造出一個良好的輿論環境，如《陳書》說王沖"曉音樂，習歌舞，善與人交，貴遊之中，聲名籍甚"。也有些人以交友結黨作為上升的捷徑，三國時期的董昭就說："竊見當今年少，不復以學問為本，專更以交遊為業。"（《三國志》卷十四）

功利性的交遊"如攜手過市，見利即解攜而去"（五代·孫光憲《北夢瑣言》卷六）。文人交友，尤重德性與志趣，"惟德是依，因心而友"（宋·范仲淹《淡交若水賦》）。蘇軾也強調交友要"守道而忘勢，行義而忘利，修德而忘名"（《文與可字說》）。

西方的貴族和知識分子有沙龍，這是文人間較為固定的社交圈子。中國古代士大夫喜歡結社，大略類似於沙龍所形成的交際網絡。文人結社起源甚早，在明末清初最為流行。謝國楨說："結社這一件事在明末已成風氣，文有文社，詩有詩社，普遍了江、浙、福建、廣東、江西、山東、河北各省，風行了百數十年。大江南北，結社的風氣猶如春潮怒上，應運勃興。那時候不但讀書人們要立社，就是仕女們也要結起詩酒文社，提倡風雅，從事吟詠。"（《明清之際黨社運動考》）著名的結社有東林黨、復社、幾社等。結社雖是從思想和藝術上的志趣出發，但逐漸與政治發生了關聯。但就興趣上說，一個社團內部，大多數人志同道合，能相互鼓勵與促進。結社本身也是尋求群體文化身份認同的一種方式，而結社形成的關係網絡，也會產生出社會影響力，發揮一定的社會與歷史作用。

交遊的方式有多種，吟詩對弈、品茗飲酒、結伴出遊、清談聊天等，都極為常見。交友之道，以坦誠為要。魏晉時期追求擺脫拘束，率性而為，魏晉名士，個個放浪形骸，不拘俗禮，朋友之間，坦蕩相對。葛洪在《抱朴子》中說：

（朋友見面）蓬髮亂鬢，橫挾不帶，或褻衣以接人，或裸袒而箕踞。朋友之集，類味之遊，莫切切進德，闇闇修業，攻過弼違，講道精義。其相見也，不復敘離闊，問安否。賓則入門而呼奴，主則望客而喚狗。其或不爾，不成親至，而棄之不與為黨。及好會，則狐蹲牛飲，爭食競割，掣撥淼摺，無復廉恥。以同此者為泰，以不爾者為劣。終日無及義之言，徹夜無箴規之益。誣引老莊，貴於率任，大行不顧細禮，至人不拘檢括，嘯傲縱逸，謂之體道。

實在是魏晉名士的一幅鮮活寫真。

中國文人重視朋友之間的交往，宋人吳芾的《又和

圖 6-2 攜琴訪友

金克家送春》詩寫道："春來縱使日銜杯，老去逢春能幾回。幸有良朋同雅集，不妨爛醉罄餘罍。羞看落絮愁盈抱，強對殘花淚滿腮。惆悵又為經歲別，莫辭花下少徘徊。""幸有良朋同雅集"，有幾位知己一起感傷飲酒，醉臥花間，幸甚至哉！

長安水邊多麗人：
古代女性的出遊

　　古代女性的生活世界，雖說沒有現代女性那般多彩，但也還算是非常豐富的。明清時期大概是女性受禮制限制比較嚴苛的時代，但這一時期，江南經濟發達，商業和文化繁榮，也給了女性較大的自由空間，並非全是暗色。古代女性的休閒生活以出遊最為多彩。平日不出閨門的她們可以趁機一掃幽閉的沉悶，出遊的女性也成為其他遊人眼中的妙麗風景。杜甫的名作《麗人行》就寫道："三月三日天氣新，長安水邊多麗人。態濃意遠淑且真，肌理細膩骨肉勻。繡羅衣裳照暮春，蹙金孔雀銀麒麟。頭上何所有？翠微𦜌葉垂鬢唇。背後何所見？珠壓腰衱穩稱身……"女性的出遊大概以節日出遊、參加宗教活動的出遊和平日出遊為主。

圖 6-3　唐代貴婦出遊

節日的出遊

不同於男性行動上的自由，女性出門總要有個理由，於是節日就成了出遊的藉口。在立春、元宵節、花朝節、清明節、端午節、七夕節、中秋節等節日裏，女性明裝靚服，外出遊玩，"士女縱歡，闐塞市街"（明·

田汝成《西湖遊覽志餘》卷二十）。平日男女授受不親的狀況得以鬆弛，男女雜遊，熱鬧非凡。元宵節幾乎就是中國人的狂歡節，這一夜女性得以自由遊玩，以至於有官員上奏皇帝，"近年以來正月上元日，軍民婦女出遊街巷，自夜達旦，男女混淆"，希望官方能"痛加禁約，以正風俗"（《明孝宗實錄》卷一百四十三），從反面可以看出女性在節日中的出行自由。

女性還有一個特殊的出行理由，那就是"走百病"，尤其是在元宵夜，女性結群而出，過橋、拜廟，以求消除百病。這是在全國都流行的一種風俗。除了表面上的巫術的形式，"走百病"也慢慢成了一種民俗，女性在此日精心打扮，"靚妝炫服，結隊遨遊郊外"（《房縣志》卷十一）。日常嚴格的道德約束這時候鬆弛下來，平時勞作的艱苦此時化作遊戲的喜悅，尤其是男女在此場合中拉近了距離。"街中男婦成群逐隊，至二更，巨室大家宅眷出遊，僮僕執燈，侍婢妾媵冉冉追隨。徘徊星月之下，盤桓燈輝之中，低言悄語，嬉笑嚶嚶，閃閃爍爍，遊走百病，相將過橋，俗云過橋不腰疼。如此三夜，金吾不禁，任意遊樂。"（《如夢錄》）元宵夜還有"偷青"習俗：這個夜晚，女性可以去別人園子偷摘生菜，用以求子。類似的中秋夜也有"摸秋"的習俗，就是去別人園子偷瓜，表示可以生男孩。"俗有'摸秋'之戲，入

圖6-4　瑤台步月

人家蔬圃摘瓜抱歸，鼓樂送親友家，或暗伏置帳幔中，以為宜男之兆。"（《房縣志》卷十一）

　　這種節日中的狂歡，是許多文化和民族都有的現象。因其打破了日常的秩序，使得日常被壓制的情緒和情感得以抒發，官員們也樂意看到這種適度的狂歡給予普通人的精神疏導作用。其實，女性"走百病"，一遊而百病除，只是"女遊詭詞耳"（《臨晉縣志》卷四），官方也不直接說破，彼此心照不宣罷了。

女性想進入平時不能進入的場合，節日就是很好的藉口。司馬光在洛陽閒居時，夫人在元宵節晚上要出去看燈，司馬光問道："家中點燈，何必出看？"夫人見其木訥，就直說了："兼欲看遊人"。但司馬光卻反問夫人：看人，在家不是也可以看嗎？難道我是鬼嗎？（宋·呂本中《軒渠錄》）學富五車的司馬光若非故意如此，那就實在是遲鈍得可以。

平日的出遊

在社會環境不是太苛酷的時候，女性也會在平日出遊。葛洪在《抱朴子》中曾經批評女性不安守家庭，反而招搖過市，有礙風化。但從他的批評中，反而可以看出當時女性行動的自由度很高：

而今俗婦女，休其蠶織之業，廢其玄紞之務，不績其麻，市也婆娑。捨中饋之事，修周施之好。更相從詣，之適親戚，承星舉火，不已於行，多將侍從，瑋曄盈路，婢使吏卒，錯雜如市，尋道褻謔，可憎可惡。或宿於他門，或冒夜而反，遊戲佛寺，觀視漁畋，登高臨水，出境慶弔，開車褰幃，周章城邑。杯觴路酌，弦歌行奏，轉相高尚，習非成俗。

女性出遊，常是盛裝靚服，"婦女之往祈禱者，華妝炫服，照耀波間"（《龍山鄉志》）。但人多擁擠，頭飾常會遺落，史籍中提到，遊人散去之後，地上掉落的首飾不少，遺鈿遍地，竟有打掃園林的園丁，因拾撿這些首飾而致富。《吳郡歲華紀麗》寫道："日晚人散，蔗滓果核，擁積礙履，遺鈿墮珥，園丁拾歸，產致中人。"致富的手段實在有些匪夷所思。此說雖或有些誇張，但大體還是符合實情的，因為當時竟有富人欲把女兒嫁給看管園子的園丁，肯定就是看中這些園丁收入頗豐。園丁在當時算是令人羨慕的職業了。

宗教活動的出遊

女性因宗教活動而外出的情況更為普遍。在信仰宗教的人群中，女性佔據的比例更高，就如學者研究所表明的那樣，女性比男性更有信仰宗教的潛質。女性參與宗教活動的形式體現在或在家吃齋念佛、祭祀燒香，或去寺廟求簽、還願等。女性去寺院燒香拜佛，除了宗教目的之外，也能趁機外出遊玩，"鄉間善男信女……邀集伴侶，釀金結社，朝山燒香，以為娛樂"（《獲嘉縣志》卷九）。這樣的活動，"一為積福，一為看景逍遙"（清·西周生《醒世姻緣傳》第六十八回）。古代文藝作品中男女間的許多情事，都是因寺廟中的邂逅而起。

　　下層女性參加宗教活動相對更加自由，而大戶人家的女性則限制較多，有關宗教活動或儀式，往往會請尼姑、道婆之類的宗教人士到家裏來，"三姑六婆"這些職業也應運而生。"三姑六婆"的工作多與宗教、醫療和社會交往有關，大戶人家的太太小姐，不能輕易出門，很多事就通過這些中間人來操辦。這種風氣起自唐宋，至明清時期非常流行。《紅樓夢》中的馬道婆，就是遊走於大戶人家的巫婆，通過巫術活動來騙取錢財。陶宗儀的《輟耕錄》就提醒說，"三姑六婆"的危害，"蓋與三刑六害同也。人家有一於此，而不致奸盜者，幾希矣。蓋能謹而遠之，如避蛇蠍，庶乎淨宅之法。"

挑燈閒看《牡丹亭》：
女性的娛樂與文化生活

女性的文化生活

　　在古代女性的生活中，文化方面的休閒活動有很多，尤其是在明清時期，隨着教育普及化程度的提高，社會中識字群體擴大，其中就包括許多女性。男性讀書以求取功名為尚，女性因為不能參加科舉，讀書就少了一些功利性，多是為了文化的修養或純粹的消遣。能接受教育的女性，多出自衣食無憂的大戶人家，她們較之一般人家的女性，也有較多的閒暇時間。女性的文化休閒活動主要包括寫作、閱讀、參與文藝活動等。

　　女性很早就有文學作品流傳下來，而明清之後，女性作家群體急劇擴大。胡文楷《歷代婦女著作考》統計的女性作家有四千多人，其中漢魏六朝三十三名，唐朝二十二名，宋代四十六名，元代十六名，明代

圖6-5　春閨倦讀

二百四十五名，清代三千六百八十二名。從另外一些資料中，我們也可以看出女性作品的豐富。如施淑儀的《清代閨閣詩人徵略》、單士釐的《清閨秀藝文略》、童振藻等的《清代名媛詩錄》，以及近年整理出版的《清代閨閣詩集萃編》、《江南女性別集》，都收錄了大量的女性文學作品。

　　女性因受到傳統道德觀念的約束，交往的範圍與活動的空間都受到嚴格的限制，尤其是愛情和婚姻方面。這種壓抑的生活給女性帶來了極大的心理壓力，所以在女性的文學作品中，反映心情落寞、精神苦寂的主題特別多。民國時期著名的社會學家潘光旦曾專門分析過古代女性文學作品中的常見主題，這些作品整體的基調是十分消極的。他分類整理了清代女性詞作中的關鍵詞：

　　（一）刺激：空、虛、天涯、深院；更深、宵、暝、夜、晚、莫（暮）、黃昏；涼、冷、寒；落日、斜曛、斜暉、夕陽、斜陽；花謝、落花、落葉、飛絮、遊絲；夢、夢魂、影、痕；煙、灰、燼；難、結、塞；終、盡、絕、罷、歇；殘、破、斷、亂、剩、餘、零、碎、墜、落；消、銷、淡、澹、褪、減；淒清、淒切、淒涼、蕭條、寥、寂、岑寂、寂寞；

　　（二）有機狀態：慵、懶、困、倦；奈何、無計、無

奈、無力、軟、弱、不禁、不勝、難禁、禁得、不堪、
何堪、那堪、可堪、無賴、無聊；瘦、小、病、憔悴、
懨懨；

（三）情緒狀態：愁；可憐、惜；惱、嫌、憎；厭、
怨、恨；怯怯、怕；銷魂、斷腸、腸斷、別情、離緒、
痛、傷；

（四）反動與行為：泣、哭、啼、潸潸、唉、咽、
感、顰；俛、俯、垂、無言、不語；去、拋撒、拋、飄
零、漂泊；鎖門、掩門、閉門；掩閨、掩窗；掩屏、閉
簾攏。（《女子作品與精神鬱結》）

這些偏於傷感、苦悶、壓抑的心理描寫，雖不是女
性生活的全部，但也能看出女性在現實生活中的真實處
境。女性寫作的重要意義，不僅是一種休閒的方式，同
時也是一種用以紓解內心憂悶情緒的方式。她們通過寫
作，表達了內在心理與真實的情感。通過這些作品，我
們也能更為真實地了解女性的生存狀態。另外，古代對
女性的描寫，多是通過《列女傳》之類的著作來呈現。
蒙元時代開始為表彰節婦建立貞節牌坊，凸顯出孝女節
婦形象的記述在明清時期更是常見，而女性個體的寫作
打破了這種虛假的形象。

明代自初期便重視教育，廣立學校，"蓋無地而不

設之學，無人而不納之教"（《明史·選舉一》）。教育的普及，使受教育人數大增，社會的識字率也大為提高。女性雖然不能參加科舉考試，但這種重視教育的風氣對女性也有很大的影響，江南大戶人家設立私塾，專門教授自家女弟子。她們識字之後，不像男性那樣一心只讀聖賢書，往往會依興趣閱讀，閱讀成了這些女性重要的休閒方式。葉盛《水東日記》說："今書坊相傳射利之徒偽為小說雜書……農工商販，鈔寫繪畫，家畜而人有之，癡騃女婦，尤所酷好。"中西方的小說史研究注意到了女性讀者對於小說文類興起的促進作用，因為女性讀書不以經世實用為目的，最佳的消遣便是閱讀小說了。明清之際的朱一是在《蔬果爭奇跋》中記載女性出行時，手不離書，"佳人出遊，手捧繡像，於舟車中如拱璧"，可見當時女性閱讀風氣之盛。

以明清時期在女性讀者中引起極大閱讀熱潮的湯顯祖《牡丹亭》為例，《牡丹亭》抒發了"生者可以死，死可以生"的"至情"思想，對愛情、婚姻不自由的女性來說，具有極大的吸引力。在現實中不能實現的對愛情的追求，可以通過杜麗娘這個作品中的人物來實現。女性讀者沉浸其中，廢寢忘食、通宵達旦地閱讀，一些瘋狂的女性讀者對湯顯祖以身相許，更有深陷其中不能自拔的讀者竟至最終殞命。晚明才女馮小青酷愛閱讀《牡丹亭》，寫下了著名的詩句："冷雨幽窗不可聽，挑燈閒看《牡丹亭》。人間亦有癡於我，豈獨傷心是小青？"湯顯祖對這些女性讀者的感受也十分重視。婁江一位女性讀者酷愛閱讀《牡丹亭》，後來鬱鬱而歿。她死後，湯顯祖專門為她作詩，視其為"有心人"："何自為情死，悲傷必有神。一時文字業，天下有心人。"（《哭婁江女子二首》）

女性的遊戲

女性在休閒生活中，可以參與很多遊戲，其中有一些遊戲就是以女性為主的，比如乞巧、鞦韆和鬥百草等。

乞巧是七夕節最常見的一種遊戲，七夕節也被稱為"乞巧日"，這一天被稱作是古代的"女兒節"。乞巧，指的是女性向織女星祈求智巧，其方式包括對月穿針、做些小物件競巧等。還有一種形式是將蜘蛛放在盒子內，視其結網是否圓正，來看得巧之多少。署名嫏嬛山樵所作的《補紅樓夢》第四十二回中，非常形象地描述了這種"乞巧"的遊戲：

各人用小盒子一個，裏面放上一個極小的蜘蛛在內，供在桌上，等明兒早上開看。如裏面結成小網，有錢一般大的，便為“得巧”。也還有結網不圓不全的，又次之也還有全然不結網的。……到了次早，桂芳見天初亮便起來了，到了各處把眾人都催了起來。梳洗已畢，都到怡紅院中。大家來齊，便到昨兒所供簷前香案上面，把各人的盒子拿了過來。打開看時，只見桂芳與松哥的兩個盒子裏面有蛛絲結網並未結成，蕙哥、祥哥、禧哥的盒裏全然沒有蛛絲。……又將月英、綠雲的兩個盒子揭開看時，只見裏面卻都有錢大的蛛網，結的齊全圓密。大家都來看了，齊聲說：“好！”

蜘蛛在民間被看作是一種吉祥之物，“今野人畫見蟢子者，以為有喜樂之瑞”（《劉子》卷四）。此處的“蟢子”就是蜘蛛，有喜悅、祥瑞的意思。所以古人把看見蜘蛛看作是好的兆頭，就像看到喜鵲一樣，“乾鵲噪而行人至，蜘蛛集而百事喜”（《西京雜記》）。這一傳統慢慢發展，形成了七夕節看蛛絲乞巧的風俗。在七月初七這天晚上，“婦人女子，至夜對月穿針，餖飣杯盤，飲酒為樂，謂之‘乞巧’。及以小蜘蛛儲盒內，以候結網之疏密，為得巧之多少”（宋·周密《武林舊事》卷三）。

所謂鬥百草，是在端午節前後頗為流行的一種遊戲。這種遊戲起源甚早，《事物紀原》中說：“競採百

圖6-6　七月乞巧

藥，謂百草以蠲除毒氣，故世有鬥草之戲。"端午節期間有飲雄黃酒、插艾草等習俗，是因為端午節所處的季節，正值春夏交替，天氣濕熱，毒蟲肆虐，容易傳染疾病，古人採集藥草來祛濕除病，由此也逐漸形成了鬥百草的習俗。鬥百草可分為"武鬥"和"文鬥"。"武鬥"是指採集花草，來比種類、美觀、堅韌性和奇特性等。張岱在《夜航船》中提到："長安春時，盛於遊賞，士女鬥花，栽插以奇，多者為勝。皆用多金市名花，以備春時之鬥。""文鬥"是對花草名稱或典故，以決勝負。《紅樓夢》第六十二回有一段很有名的描寫，形式就是"文鬥"："大家採了些花草來兜着，坐在花草堆中鬥草。這一個說：'我有觀音柳。'那一個說：'我有羅漢松。'那一個又說：'我有君子竹。'這一個又說：'我有美人蕉。'這個又說：'我有星星翠。'那個又說：'我有月月紅。'這個又說：'我有《牡丹亭》上的牡丹花。'那個又說：'我有《琵琶記》裏的枇杷果。'豆官便說：'我有姐妹花。'眾人沒了，香菱便說：'我有夫妻蕙。'"

女性喜歡花草，鬥百草多為女性和兒童參與："春日，婦女喜為鬥草之戲。"（明·田汝成《西湖遊覽志餘》卷二十二）"弄塵復鬥草，盡日樂嬉嬉。"（唐·白居易《觀兒戲》）女性對於這一遊戲十分重視，為了鬥草，專門修飾打扮："歸來見小姑，新妝弄百草。"（唐·劉駕《桑

婦》）但也有人太過投入玩遊戲，竟然忘記了妝容："閒來鬥百草，度日不成妝。"（唐·崔顥《王家少婦》）

蕩鞦韆是一種很常見的遊戲，在女性中頗為流行。鞦韆的起源，有人認為本是北方少數民族的遊戲（"山戎之戲"），齊桓公北伐山戎之後，這種遊戲就傳到了中原地區。（宋·高承《事物紀原》）也有人認為，"鞦韆（秋千）"就是"千秋"，"漢武帝祈千秋之壽，故後宮多鞦韆之樂"（唐·高無際《鞦韆賦》）。唐代以後，鞦韆成為寒食節和清明節期間的主要遊戲項目，王維的《寒食城東即事》就寫道："蹴鞠屢過飛鳥上，鞦韆競出垂楊裏。"杜甫的詩《清明》中也有"萬里鞦韆習俗同"的句子。蕩鞦韆時，人在空中如飛翔一般，"雙手向空如鳥翼"（唐·王建《鞦韆詞》），所以鞦韆也被稱為"半仙之戲"（五代·王仁裕《開元天寶遺事》卷下）。蕩鞦韆的女性花枝招展、羅裙飄揚，確實像仙子臨凡一般。

忙趁東風放紙鳶：
古代兒童的玩具

　　現代的大人們，在兒童節最不能忘記的就是給孩子買玩具，否則就會天下大亂。而過去的情況似乎不是這樣，魯迅先生在《玩具》一文中說："我們中國是大人用的玩具多：姨太太，雅片槍，麻雀牌，《毛毛雨》，科學靈乩，金剛法會，還有別的，忙個不了，沒有工夫想到孩子身上去了。"

　　對待兒童及玩具方式的差異，背後體現的其實是古今不同的兒童觀。國際兒童節（International Children's Day）的設立，據說源自"二戰"後的紀念活動，實質上根源於現代人對待兒童的新觀念。在古代社會，兒童被看作是"小大人"，他們穿着與成人差不多的衣服，做着與成人相似的事，和成人一起勞動、競爭、社交、玩耍。把兒童當作一個特殊的群體，給予特殊的重視和對待，是一種現代觀念。兒童在現代的家庭和社會中，

圖6-7　兒童嬉戲

具有重要和特殊的地位，社會對待兒童的態度、國家對
兒童教育的投入、家庭給兒童營造的成長環境等，常被
看作是一個國家文明程度的標誌。

　　古今對待兒童態度和觀念的不同，造成了兒童生活
方式和教育方式的差異。古代社會在教育和養育兒童的
方式上，基本是按照對待成人的方法和標準來進行的。
《禮記‧內則》談到兒童時期的教育內容和步驟：“子能
食食，教以右手；能言，男唯女俞。男鞶革，女鞶絲。
六年，教之數與方名。七年，男女不同席，不共食。八
年，出入門戶及即席飲食，必後長者，始教之讓。九
年，教之數日。十年，出就外傅，居宿於外，學書計，

衣不帛襦袴，禮帥初，朝夕學幼儀，請肄簡諒。十有三年，學樂，誦詩，舞《勺》。成童，舞《象》，學射御。"

在這種以成人觀念為中心的理念中，兒童教育基本以實用技能、禮儀規範、道德意識等內容為主，與之相對應，玩具往往就是"玩物喪志"的表現。西方的情形大體也是如此。拉伯雷和蒙田在說到玩具時，都認為是毫無價值的："玩具即使不能說是危險的，也被認為是無益的奢華享受，因為玩具使正在成長的孩子們偏離了學習的軌道。"（〔法〕米歇爾·芒松〔Michel Manson〕著，蘇啟運、王新連譯《永恒的玩具》）承認玩具對於兒童的益處，大概要到文藝復興之後。

儘管如此，就如魯迅所說，"玩具是兒童的天使"（《風箏》），玩耍是兒童的天性，在兒童的世界中，最重要的東西應當就是玩具了。關於兒童玩具的起源，並沒有一個明確的說法。兒童天生就會玩玩具，伴隨着人類誕生，玩具就應該出現了。有學者考證，在新石器時代，已經出現了很多具有兒童玩具特徵的物品，包括陶塑（如陶豬、陶狗、陶鳥、陶魚）、骨雕（如骨哨）、木雕（如木魚）等，在實用功能之外，兼有審美和遊戲的特徵，完全可以當作兒童的玩具。

中國古代的兒童玩具十分豐富，張道一在《鄉土玩具：人之初的藝術》一書中，把玩具分為十二大類：泥玩具（如泥人）、布玩具（如布娃娃、香包）、竹木玩具（如車木玩具）、陶瓷琉璃玩具（如瓷孩兒、陶哨）、石玩具（如石球、石雕）、紙玩具（如風箏、燈彩、折紙、紙花）、麵玩具（如麵人、麵花）、糖玩具（如糖人、糖畫）、葉稈玩具（如草葉編、麥稈編、秫秸編、麻稈編）、物殼玩具（如雞鴨蛋殼、椰子殼、蠶繭、蟬蛻）、毛皮玩具（使用動物皮毛和皮革製作，如皮影）、金屬玩具（如長命鎖、項鏈、手鐲、腳鈴、帽花）。

圖 6-8　玩具貨擔

圖 6-9　小庭嬰戲

　　就玩具的來源來說，或為購買，或為自製，或把一些現成物件當作玩物，或就地取材，拿一些手邊常見的材料自娛自樂一番。《韓非子》中就提到，戰國後期，一些兒童一起玩耍，"以塵為飯，以塗為羹"，塗就是泥巴。泥巴是兒童最易得也最簡單的玩物，《三國志》中也提到管輅小時候"與鄰比兒共戲土壤中"。

　　古代集市上專門出售兒童玩具的商販很多，玩具種類豐富，以《夢粱錄》為例，其中提到臨安的市場上銷售的"小兒戲耍家事兒"，就包括不少玩具：

行嬌惜、宜娘子、鞦韆稠糖葫蘆、火齋郎果子、吹糖麻婆子孩兒等、糕粉孩兒鳥獸、像生花朵、風糖餅、十般糖、花花糖、荔枝膏、縮砂糖、五色糖、線天戲耍孩兒、雞頭攙兒、罐兒、碟兒、鑞小酒器、鼓兒、板兒、鑼兒、刀兒、槍兒、旗兒、馬兒、鬧竿兒、花籃、龍船、黃胖兒、麻婆子、橋兒、棒槌兒、皮影戲、線索傀儡兒、獅子、貓兒。

兒童容易受到玩具的誘惑，有些商販就故意用新奇的玩具騙取兒童的壓歲錢。如無錫 "崇安寺市自元日起兒童爭趨焉，所鬻皆傀儡戲具，鎔錫為小杯盤、椅桌小鋌之屬，削竹木為刀槍，糊紙為鬼臉，大都賺騙小兒押歲錢耳，無他有用物也"（清·黃印《錫金識小錄》卷一）。

玩具具有多方面的功能。首先，玩具是一種重要的模擬工具，兒童通過玩具，模仿成人的活動，在遊戲的同時，也獲得很多技能。如古代著名的 "竹馬" 之戲，李白的《長干行》寫道："郎騎竹馬來，繞床弄青梅。同居長干里，兩小無嫌猜。" 以竹竿為馬，遊戲就是一次場景模擬。《後漢書·郭伋傳》提到，郭伋外出巡視，"有童兒數百，各騎竹馬，道次迎拜"。可見竹馬遊戲非常之流行。

其次，玩具還能起到益智作用。如七巧板，就是古

圖 6-10　竹馬遊戲

代的一種重要玩具，據說起源自周代的七巧之戲，後來北宋的黃伯思發明了燕几圖，明代嚴澄改進為蝶几圖，變化更多，清代演變成了類似今日的七巧板。後來七巧板傳播到日本、英國、美國等地，成為世界範圍內廣受歡迎的玩具，有些國家至今還稱之為"唐圖"或"東方魔板"。七巧板變化多端，能夠鍛煉孩子的想像力。清代徐珂在《清稗類鈔》中就說，七巧板"以薄木一方，截成七塊，可合成種種模形，以啟發兒童思想"。

再次，玩具在遊戲消遣的同時，可以起到強身健體的作用。如清代富察敦崇在《燕京歲時記》中提到"踢球"時寫道：

十月以後，寒賤之子，琢石為球，以足蹴之，前後交擊為勝。蓋京師多寒，足指酸凍，兒童踢弄之，足以活血禦寒，亦蹴鞠之類也。

貧寒子弟，冬天踢用石頭做成的球，能"活血禦寒"，這種石球在古代非常普遍。此外，蹴鞠、毽子、鐵環、鞦韆等，都是兒童常見的體育類玩具。

從製作的工藝和成本角度來看，中國傳統的玩具工藝相對簡單，成本較低，易於普及。但也有極為貴重的玩具，陸游在《老學庵筆記》中提到："承平時，鄜州

圖 6-11　蕉蔭擊球

田氏作泥孩兒，名天下，態度無窮，雖京師工效之，莫
能及。一對至直十縑，一床至三十千，一床者或五或七
也。小者二三寸，大者尺餘，無絕大者。"

　　和今日課業繁重的兒童相比，古代兒童也輕鬆不到
哪裏去，除了規矩和技能的學習，還要進行勞作，所以
也只能在放學歸來、勞動間隙或節假日玩玩具。清代詩
人高鼎《村居》詩曰："兒童散學歸來早，忙趁東風放
紙鳶。"

圖 6-12　放風箏

中國現代的兒童觀，是受到西方的影響才產生的。傳統中國嚴苛的禮法和社會制度，壓制人的生氣與活力，兒童常成為犧牲的對象，所以魯迅才會疾呼"救救孩子"。晚清、民國以後，現代的兒童觀逐漸傳播開來，有關兒童的生育、養育、教育等方式，也隨之發生變化。國人更是意識到兒童就是國家和民族的未來，培育下一代是國家未來競爭的根基。對於國人忽視兒童玩具的情況，1924 年《教育雜誌》上的一篇文章寫道：

　　國人素不重視兒童教育，更不了解玩具在兒童教育上的價值，故提倡玩具業的人簡直沒有，一任小販做賣錢糊口的無聊事業。因為玩具出在無恆產人的手中，於是自命士大夫的人益加鄙視玩具。製造玩具的因為士大夫鄙視更不思改進，互相為因，互相為果，而玩具業遂長此不發達、不長進。（張九如、周壽青《讀了全國兒童玩具展覽會審查報告後的緊急動議》）

　　古代中國對於玩具向來不太重視，工藝簡單，技術進步緩慢。中國現代新的兒童玩具主要體現在理念之"新"和技術之"新"上。就理念而言，兒童玩具的發明和製造加入了現代的教育思想，呈現出和古代不同的面貌。如中國近代最重要的兩家出版機構——中華書局和商務印書館，秉承着兒童啟蒙的使命，設置專門的機構來設計和生產玩具。商務印書館出品的玩具大概可以歸為十類：建築類（如各種積木）、交通類（如各種汽車模型）、軍事類（如各種木氣槍）、數學類（如數字遊戲玩具）、英文類（如字母牌、綴字練習片）、體操遊戲類（如球類、蹺板、投環）、手工類（如串線板、五彩方木）、音樂類（如手搖風琴、笛子）、動物類（如各種動物模型）、雜項類（如兒童幻象、萬花筒）。就這些玩具的種類和功能來說，與傳統的玩具已有很大差異。

圖 6-13　玩得專注

再說技術的更新，尤其是材料。近代以來，在玩具製造中最常用的新材料是俗稱賽璐珞的一種新型塑料，具有耐摔、防水、輕便、易清洗、不掉色等特點，很適合作為玩具的材料。中國最早的賽璐珞玩具工廠，是1911 年前後在上海成立的大中華工場。另外，金屬材料也被廣泛運用到玩具中。中國最早的金屬玩具工廠，是1911 年在上海成立的范永盛玩具工場。這些企業善於經營和創新，生產出了很多經典的玩具，如"小雞啄米"、"跳蛙"，至今還在流行。

隨着工業化和商業化程度的提升，現代玩具產業也越來越發達，但也越來越受到消費主義邏輯的影響。同時，玩具在擺脫了古代道德性的束縛之後，也在遠離純粹的娛樂性，而承載了過多的教育功能。今日盛行"從娃娃抓起"的口號，大人們對自己不滿意，痛定思痛想主意，把主意打到了娃娃身上，所有的事都從娃娃抓起。這樣做，不過是把大人該承擔的責任轉嫁到孩子身上罷了。玩具在這個時候也不再好玩了，處處體現着大人們的"陰謀"。

第七章

時間：假日、歲時與節慶

對於日常生活來說，時間因素最為重要。自然時間系統給人們的生活建立了一個基本的秩序：一年四季十二個月，每月三十天，每天日起日落，一日之中有十二時辰，形成了嚴密的時序系統。中國人向來認為，在天、地、人之間存在一種感應關係，天是人間秩序的決定者或參照者，所以中國人也常常把自然時序變化作為安排生活時間的根據。"四時有度，天地之理也"（《黃帝四經·經法》），現實的時間秩序，也要遵從這個"理"。古代的休閒生活，也多以自然時間系統為主要的依據。此外，人文時間的劃分，讓人類的時間具有了文化內涵，如節日，因為承載了許多文化內容，而使得休閒活動有了豐富多彩的文化意蘊。掌握時間的控制管理系統，也是政治、社會和經濟管理的重要手段。

九日馳驅一日閒：
古代的放休假制度

　　空餘的時間是人們進行休閒活動的基本前提，就如現代社會中有很多法定節假日一樣，古代也有完善的休假制度。古代的官方休假時間可分為三類：一是各種節日，如一些傳統的宗教、祭祀和民俗類節日；二是假日，即法定休息日；三是臨時性假日。但需要指出的是，古代的休沐制度，主要針對的是官僚階層，且並沒有被嚴格執行。對於農民、手工業者及商人來說，其作息並無定例，有些勞動者終年勞作，長年無休，也是常有的情況。

節慶假日

　　古代的重要日子，如元日、元宵節、端午節、清明節、夏至、伏日、中秋節、臘日、冬至等，都要放假

圖7-1　明憲宗元宵行樂

休息。如元宵節起源於西漢文帝時期，漢代放一天假，唐代放三天假，宋代放五天假，到了明代放十天假。民間認為伏日有鬼出行，不便外出，"伏日萬鬼行，故盡日閉，不干它事"（《漢官舊儀》），所以只能放假休息。冬至是陰陽二氣轉換的時節，要以靜養為主，"冬至前後，君子安身靜體，百官絕事，不聽政"（《後漢書·禮儀志》），也要放假休息。

法定假日

　　官員的法定作息制度稱為"休沐"，這一制度起源
於西漢："吏五日得一休沐，言休息以洗沐也。"（《初
學記》引漢律）沐，最早的意思是洗頭髮，後來泛指洗
浴、洗滌，這裏指代的是休息。上面的話即是說，官
員每五天可以有一天的沐浴、休息時間。唐代把五日休
沐改為十日休沐，也就是旬休，"九日馳驅一日閒"，
工作九天休息一天。
上、中、下旬各休息一
天，這三天分別叫做上
浣、中浣、下浣。為何
唐代較之漢代假日有所
減少？據楊聯陞分析，
漢代官員一般住在官署
內，而不是住在家裏，
辦公時間就比較充裕，
所以可以五日回家休沐
一次。唐代之後，官員
一般就住在家裏，來回
上班，效率降低，休息
時間也隨之減少。明清

圖 7-2　乾隆帝元宵行樂

時期官方假日在旬休基礎上又進一步減少，一方面是因為政務增加，另一方面也是皇帝加強集權的一種體現。（《國史探微》）

有些官員會在假日中勞作，如東漢時的尚子平，"為縣功曹，休歸，自入山擔薪，賣以供食飲"（《文選》李善註引《英雄記》）。大概是做官收入不高，就在休息日上山砍柴，以貼補家用。也有人在這天加班，以處理未完成的公務。漢成帝時，有位任"賊曹掾"，也就是掌管查捕盜賊之事的官員張扶，就在休息日加班，"獨不肯休，坐曹治事"（《漢書·薛宣傳》），可謂勤政的典範。但也有人在休息日遊戲玩樂，瀟灑度日。

臨時假日

一些特殊的日子，比如皇帝誕辰，也會放假幾天，以示慶賀。唐玄宗把自己的生日定為"千秋節"，放假三天。此後的帝王多沿襲這種做法，在生日時給官民放假。唐代尊奉老子，把老子誕辰稱為"降聖節"，放假一天。還有一些忌日，也是上下"廢務"，不上班。家庭成員中，近親的婚喪，官方規定可以回家休假。如父母去世，必須丁憂去職，服喪三年，如果是軍職，則服喪一百天。離開父母三千里之外，每隔三年有三十日定省假（不包括路上的時間）；父母在五百里之外，每隔五年有十五日定省假。兒子行冠禮（即成年禮），有三天假期；兒女婚禮，有九天假期；受業老師去世，有三天假期……這些臨時性的假期，有些是許多朝代一貫的制度，有的只是某個時期的規定，這些假期多涉及政治管理、家庭關係以及個人交往等因素，算是古代官員們的特別福利。

星期制的引入

隨着近代中西之間的交流，中國人注意到了西方的七天星期制。許多人對此表示贊同，認為一則可以勞逸結合，利於養生；一則可使"中西一律"，符合世界通例。但也有抵制者，他們認為中國人遵從西俗，有違傳統，且不符合中國人的生活習慣。而且星期制有宗教的根源，更是讓人無法接受。如張之洞就曾規定兩湖書院的學生，只能按原來的慣例休息，不能採用星期制。

1902年，清政府開始全面推行星期制，之後星期制逐漸成為中國人新的作息制度。在城市中，星期天成為人們最重要的休閒時間，多種娛樂項目也多在星期天進行。星期制的引入，更為重要的意義是改變了中國人，尤其是勞動階層的生活觀念。中國是傳統的農業國家，在古代社會中，由於技術和工具落後，農業需要投入大量的時間和人力，由此也逐漸形成了多勞動少休息的作息方式。勤勞一直被視為中國人的傳統美德，而純粹的娛樂消遣，一直被中國人看作是不務正業。現代作息觀念讓普通人意識到張弛有度、勞逸結合的重要性，通過休息娛樂來恢復體力和精力，從而讓工作更有效率。如梁啟超所說，中國人雖然投入了很多時間去工作，但效率反而不如善於休息的西方人：“西人每日只操作八點鐘，每來復日（引者按：即星期天）則休息。中國商店每日晨七點開門，十一二點始歇，終日危坐店中，且來復日亦無休，而不能富於西人也，且其所操作之工，亦不能如西人之多。何也？凡人做事，最不可有倦氣，終日終歲而操作焉，則必厭，厭則必倦，倦則萬事墮落矣。休息者，實人生之一要件也。中國人所以不能有高尚之目的者，亦無休息實屍其咎。美國學校，每歲平均只讀百四十日書，每日平均只讀五六點鐘書，而西人學業優尚於華人，亦同此理。”（《新大陸遊記》）梁啟超把星期制及作息安排，看作是影響中西文化強弱的關鍵因素，雖有誇大之嫌，但也不無道理。

四時佳興與人同：
四季與古人的生活

　　古人的生活與勞作受自然影響很大，四季更替、昏曉晝夜，這些自然時間"規訓"了古人的生活方式，休閒娛樂生活隨之呈現出不同的內容和內涵。通過對自然細緻的觀察和感受，古人形成了對一年的四時分期，並在此基礎上慢慢形成了八節和二十四節氣，從而建立了一個完備的季節分期時間系統。季節首先與農業生產有關，"春生夏長秋收冬藏"。同時，季節也對人的生活娛樂方式產生影響。"春蒐、夏苗、秋獮、冬狩，皆於農隙以講事也。"（《左傳·隱公五年》）四時有序，各有適宜之事，人類活動應以遵循自然規律為要則，不可與之違逆，就連軍事訓練及戰爭，也多在農閒時節進行。漢代董仲舒在《春秋繁露》中強調天人感應，以人事配天道："王者配天，謂其道。天有四時，王有四政，四政若四時，通類也。天人所同有也。慶為春，賞為夏，罰為秋，刑為冬。”這種天人相應的觀念是中國文化的核心觀念之一，至今還深深地影響着中國人的生活方式。

春天的逸樂

明代春天萬物生發，故古人向來重視春天作為一年之始的意義，有關迎春的儀式和祭禮很多。許多節日都源於宗教祭祀，但後來這些節日所包含的神聖性因素慢慢淡化，娛樂性的因素逐漸凸顯，人們多在這些節日中進行娛樂休閒活動。寒食節及相近的清明節就是典型的例子。

明代張岱在《陶庵夢憶》中批評說：“越俗掃墓，男女袨服靚妝，畫船簫鼓，如杭州人遊湖，厚人薄鬼，率以為常。二十年前，中人之家尚用平水屋幘船，男女分兩截坐，不坐船，不鼓吹……後漸華靡，雖監門小戶，男女必用兩坐船，必巾，必鼓吹，必歡呼鬯飲。”清明節恰值初春時節，利用掃墓祭祀的機會，人們出行遊玩、歌吹戲耍、遊廟逛街，張岱之所以批評這種華靡的風氣，是因為人們“厚人薄鬼”，借祭祀的名義行歡愉之事。這種清明遊玩的方式十分普遍：“杭城人家，清明皆插柳。南北兩山之間，車馬紛然，而野祭者

圖 7-3　春遊晚歸

尤多。提攜男女，酒壺肴榼，村店山家，分餕遊息。至暮，則花鼓土宜，捆載而歸。"（清康熙《仁和縣志》卷五）

"清明時節雨紛紛，路上行人欲斷魂"，清明節為傳統的掃墓祭祀之日，本來具有悲切淒涼的氛圍。但因為處於萬物萌生的季節，人們常在掃墓的同時，到郊野踏青遊玩，所以一直有着輕鬆歡快的氣氛。元代戴表元《壬午清明》詩有句曰："節序愁中都忘卻，見人插柳是清明。登陴戍出吹彈樂，上塚船歸語笑聲。"忘卻愁緒，歡笑而歸，完全不是悲切的清明節該有的氛圍。寒食節和清明節也有很多體育、遊戲活動，增加了歡愉的氣氛。唐代韋應物《寒食》詩有句曰："晴明寒食好，

圖 7-4　三月閒亭對弈

春園百卉開。彩繩拂花去，輕球度閣來。”一派輕鬆歡快的氣氛。

又如端午節，宋人高承所著《事物紀原》引述他說曰：“屈原五月五日投汨羅江，楚人哀之。每至此日，以竹筒儲米，投水祭之。”原本也是表達哀傷、紀念忠烈的日子，但後來逐漸成為龍舟競渡、歡快遊玩的節日。明代王紱的詩歌《端午賜觀騎射擊球侍宴》中有這樣的句子：“葵榴花開蒲艾香，都城佳節逢端陽。龍舟競渡不足尚，詔令禁御開球場。”

夏天的生機

“四時天氣促相催，一夜薰風帶暑來。”（宋·趙友直《立夏》）春生夏長，夏天是生長的季節，芳菲歇去，大地一派清和秀茂的景象。夏日炎熱，加上避暑條件有限，人們在高溫時節往往是比較難受的，所以古人常以疰夏、病暑、苦夏來稱呼夏日。

夏季又是農忙季節：“鄉村四月閒人少，才了蠶桑又插田。”（宋·翁卷《鄉村四月》）農業社會中，農忙是最重要的事情，就連爭訟官司之類的事都要先放一放，等農閒時再處理。江南地區在立夏這一天後，“群出採桑，垂蘆簾於戶，各忌喧嘩，並詞訟、徵糧一應停止，

謂之 '蠶忙'」（民國二年《於潛縣志》）。

　　春有花朝節迎接花神，夏天則在芒種日餞別花神。《紅樓夢》第二十七回就記載了送花神的場景：「凡交芒種節的這日，都要設擺各色禮物，祭餞花神，言芒種一過，便是夏日了，眾花皆卸，花神退位，須要餞行。然閨中更興這件風俗，所以大觀園中之人都早起來了。那些女孩子們，或用花瓣柳枝編成轎馬的，或用綾錦紗羅疊成干旄旌幢的，都用彩線繫了。每一棵樹上，每一枝花上，都繫了這些物事。滿園裏繡帶飄飄，花枝招展，更兼這些人打扮得桃羞杏讓，燕妒鶯慚，一時也道不盡。」這個送別花神的場景是《紅樓夢》中非常重要的

圖 7-5　六月碧池採蓮

一個段落。

夏日重避暑，也重養生。"春夏養陽，秋冬養陰。"（《黃帝內經·素問》）中國人講求"冬病夏治"，夏季有很多禁忌和養生原則，如雖然夏日炎熱，但反而不宜多食冰冷食物，不宜着涼等，體現了中國的養生哲學。夏天南方濕熱，疫病多發，所以人們很重視夏日的飲食與保健，由此形成了豐富的民俗傳統，讓夏日變得多姿多味，如立夏日"啜新茗，啖新梅，食青筍、蠶豆，云可解疰夏之疾"（民國二年《於潛縣志》）。

秋天的收穫

秋天是收穫的季節，有清朗喜悅的氛圍。同時秋天繁華漸退，也有蕭瑟悲涼的情緒，所以唐代劉禹錫的《秋詞》說"自古逢秋悲寂寥"。酷暑漸消，體感舒適，秋日總有着安閒、寂靜的感覺："亂鴉啼散玉屏空，一枕新涼一扇風。睡起秋聲無覓處，滿階梧葉月明中。"（宋·劉翰《立秋日》）

秋季雖也是農忙季節，但也有許多休閒活動，如民間流行的鬥蟋蟀，就是在秋天進行的。鬥蟋蟀俗稱"秋興"，吳地在"白露前後，馴養蟋蟀，以為賭鬥之樂，謂之'秋興'，俗名'鬥賺績'。提籠相望，結隊成群。"

圖7-6　八月瓊台玩月

（清·顧祿《清嘉錄》卷八）秋天最為歡樂的日子應該是中秋節，古有拜月、祭月習俗，後流行在中秋賞月，是夜"貴家結飾台榭，民間爭佔酒樓玩月"（宋·孟元老《東京夢華錄》卷八）。中秋成為中國重要且熱鬧的節日之一。中秋之夜，皓月當空，陳瓜果於庭，團圓暢飲，閒聊賞月，是中國文化中最富溫情的場景。

冬天的蕭瑟

"霜始降，則百工休。"（《禮記·月令》）冬天降臨，草木枯黃殘落，農事基本完畢。冬日閒暇較多，娛樂活動也十分豐富。"霜降百工休，把酒約寬縱。"

（宋‧黃庭堅《次韻晉之五丈賞壓沙寺梨花》）秋天鬥蟋蟀稱為“秋興”，冬天裏鬥鵪鶉則被稱為“冬興”。霜降之後，遊手好閒者以鬥鵪鶉為樂：“滬人霜降後喜鬥鵪鶉，畜養者以繡囊懸胸前，美其名曰‘冬興將軍’。鬥時貼標頭，分籌碼，每鬥一次，謂之一圈。”（清‧葛元煦《滬遊雜記》卷二）

冬天天氣嚴寒，故抵禦寒冷、保養身體，是冬天裏最重要的事情。冬天一到，馬上“命僕安排新暖閣，呼童熨貼舊寒衣”（宋‧劉克莊《初冬》）。古人避寒的方法很多，比如“暖閣”就是很常用的方法。暖閣大概是一個小的暖室，冬天坐進暖閣休閒娛樂，是很美好的享受。“斗室藏春穩護持，夢回宵漏自遲遲。嵇康煨灶眠雖暖，如此奇溫恐未知。”（清‧何耳、易山《燕台竹枝詞‧暖炕》）因為空間小，所以有“奇溫”，看來保暖效果不錯。古代也有很多避寒擋風的用具，清代竹枝詞《燕台口號一百首》有詩曰：“家家高掛卻寒簾，織草編蘆也未嫌。巧絕風門隨啟閉，活車宛轉引繩添。”原書註釋說：“貧家以蘆草為門簾，又糊紙作風門，旁用鐵圈作樞，引以繩，號‘活車’。”已經有半自動的效果了。

十六國時後趙第三任國君石虎，在冬天設置溫室浴池，尋歡作樂，十分奢侈：“嚴冰之時，作銅屈龍數十枚，燒如火色，投於水中，則池水恆溫，名曰‘焦龍溫池’。引鳳文錦步障縈蔽浴所，共宮人寵嬖者解媒服宴戲，彌於日夜，名曰‘清嬉浴室’。”（《香乘》引《拾遺記》）就避寒技術來說，已經十分發達，但這只是荒淫的帝王才能有的享受。

冬至大如年，冬至是冬季最重要的節日，地位與春節相當。“天時人事日相催，冬至陽生春又來。”（唐杜甫《小至》）在冬至日，很流行畫“九九消寒圖”。明代劉侗、于奕正所撰的《帝京景物略》說：“冬至日，人家畫素梅一枝，為瓣八十有一。日染一瓣，瓣盡而九九出，則春深矣，曰‘九九消寒圖’。”就是說，在冬至日，畫線描的素梅一枝，其上有八十一瓣花，冬至開始，每天染色一瓣，等到所有花瓣都染色後，春天就到了。“消寒圖”也有其他的形式，比如說在窗子上貼一枝梅花，女性在早晨化妝時，每日用胭脂畫上一圈，等八十一圈畫完，窗外樹上的杏花就開放了，表明此時大地回春。“試數窗間九九圖，餘寒消盡暖回初。梅花點遍無餘白，看到今朝是杏株。”（元·楊允浮《灤京雜詠一百首》）還有人把八十一個圈排成九行，每天塗一個，根據天氣的不同畫不同標記：“上陰下晴，左風右雨，雪當中。”（清·富察敦崇《燕京歲時記》）還有一種“九九消寒圖”利用文字的形式，選九個字，每字九劃，先把這九個字雙鉤寫成，然後每日添一筆，等九個字寫完，

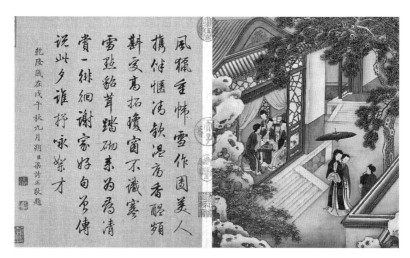

圖 7-7　十二月踏雪尋詩

就冬去春來。常見的如"故城秋荒屏欄樹枯榮"、"庭
院春幽挾巷草重茵"、"香保送茶來前庭待客"、"雁南
飛柳芽茂便是春"等。其中一句非常有名:"亭前垂柳
珍重待春風",據說是道光皇帝所書。

不知人間有塵暑：
古人的消夏

酷暑之日，熱浪滾滾，我們現代人躲進裝有空調、電扇的房間，閉門不出。大家偶爾也會杞人憂天地為古人擔心，沒有空調的古人是如何消夏避暑的？夏日炎熱，加上避暑條件有限，古人在夏天確實是比較難熬的。明代何景明的詩中寫道："六月二十火雲發，京師毒熱勝吳下。清晨衣冠不敢出，對食欲餐汗滿把。"（《苦熱行簡問陶良伯》）又如清代嚴我斯寫道："賤子閉門苦呻吟，高枕北窗汗盈把。早起科頭眼欲昏，手搖白羽無朝夜。"（《苦熱行》）

古人於是發明出了許多消夏的方法，避暑的效果也甚佳，就心理感受來說似乎毫不遜色於現代。說到古人的避暑方法，大概可以分為這幾個方面：

避暑用品及衣物

　　古人避暑，很講究穿着。《歲時廣記》所引《樂府雜錄》，提到古代有一種冰絲裯，由冰蠶絲織成，有消暑奇效，且價值不菲："唐老子本長安富家子，生計蕩盡，遇老嫗持舊裯，以半千獲之。有波斯人見之，乃曰：'此是冰蠶絲所織，暑月置於座，滿室清涼。' 即酬萬金。"冰蠶是一種非常神秘的東西，在民間以及文學作品中一直以冰涼製冷為人所知，蘇軾詩中就有"冰蠶不知寒，火鼠不知暑"（《徐大正閒軒》）的句子。

　　古人也喜歡使用涼榻和涼席。陸游詩曰："堂中無長物，獨置湘竹床。"（《薄暑》）"湘竹床"應該就是一種涼榻。鋪設涼席是避暑比較通行的做法。古代還有一種特別的席子，用豬毛做成，叫壬癸席，避暑效果上佳。《河東備錄》中說："取豬毛刷淨，命工織以為席，滑而且涼，號曰壬癸席。"

　　還有一種神奇的帛，叫澄水帛，酷暑之時，蘸水懸掛室內，立刻滿屋清涼："同昌公主一日大會，暑氣將甚，公主令取澄水帛，以水蘸之，掛於高軒，滿座皆思挾纊。澄水帛長八九尺，似布而細，明薄可鑒，云其中有龍涎，故能消暑。"（宋·陳元靚《歲時廣記》引《杜陽編》）

　　扇子也是避暑利器。古人流行使用芭蕉扇，或曰葵

圖 7-8　臥榻消夏

扇，以廣東新會葵扇最為有名，據說自東晉開始流行。
《晉書・謝安傳》中提到某人罷官歸里，攜帶五萬蒲葵
扇，謝安開始使用，士庶爭相模仿，一時間價格大漲。
清人得碩亭的竹枝詞《草珠一串》中談到人們流行使用
芭蕉扇來避暑降溫："三伏炎蒸暑氣饒，如山朵朵火雲
燒。虧他行者偷來扇，個個芭蕉掌上搖。"所以扇子一
直為人們所喜歡，且功能不局限於扇風，白居易寫了一
首《白羽扇》，詩曰："素是自然色，圓因裁製功。颯如
松起籟，飄似鶴翻空。盛夏不銷雪，終年無盡風。引秋
生手裏，藏月入懷中。麈尾斑非疋，蒲葵陋不同。何人

稱相對，清瘦白須翁。"

　　有些富豪人家，竟然還用起了機械風扇。宋人劉子
翬的《夏日吟》就寫道："君不見長安公侯家，六月不
知暑。扇車起長風，冰檻瀝寒雨。""扇車"似乎就是
一種機械風扇。

　　李白連扇子也不願搖，乾脆遁入山林之中避暑。性
情狂放不羈的李白，以天地為褌衣，裸體而行，真是少
見的灑脫："懶搖白羽扇，裸體青林中。脫巾掛石壁，
露頂灑松風。"（《夏日山中》）

　　明代養生專著《遵生八箋》還記載了一種神奇的迎

涼草："迎涼草碧色，而幹似苦竹，葉細如杉。雖若乾枯，未嘗凋落，盛暑掛之門戶，其涼風自至。"

瓜果與飲品

南宋周密的《武林舊事》中提到的消暑食物十分豐富，包括新荔枝、軍庭李、楊梅、秀蓮新藕、蜜筒甜瓜、椒核枇杷、紫菱、碧芡、林檎、金桃、蜜漬昌元梅、木瓜豆兒、水荔枝膏、金橘水團、麻飲芥辣、白醪涼水、冰雪爽口之物等，琳琅滿目，毫不遜色於今日。而其中的"涼水"類目，就包括以下諸多細類：甘豆湯、椰子酒、豆兒水、鹿梨漿、鹵梅水、薑蜜水、木瓜汁、茶水、沉香水、荔枝膏水、苦水、金橘團、雪泡縮皮飲（宋刻作"縮脾"）、梅花酒、香薷飲、五苓大順散、紫蘇飲等。

也有灑脫者以喝酒來避暑。《遵生八箋》中提到葛洪在夏天炎熱之時，經常喝醉，"入深水底，八日乃出，以能伏氣故耳"，當謂醉後入水以避暑，可謂奇

圖 7-9　迎涼草

特。漢末梟雄袁紹也喜歡在三伏天盡日飲酒，"以避一時之暑"。避暑喝酒的花樣也有很多，如唐代魏徵在暑飲時，"取大荷葉，以指甲去葉心，令與大柄通，屈莖輪菌如象鼻，傳席間噏之，名碧筒酒"。這種方法在古代似乎很流行。

冰與消夏

夏日消暑最佳之物非冰塊莫屬。冰塊既可以直接食用，又能冰鎮保存食物，且可以用來降溫。人類掌握造冰的技術要到 19 世紀中葉以後，所以古人所用的冰都是天然冰。中國人使用冰的歷史起源很早，周代就已經開始設冰窖藏冰了。有學者指出，在 19 世紀之前，中國人窖冰和用冰的技術都是領先於歐洲的。

人們一般在冬天採冰，放在凌陰（漢代稱為冰室，明清稱為冰窖）或冰井中，待夏天使用。官方對於取冰、藏冰、分冰等流程，都有嚴格的規定。負責此事之人，《周禮・天官》中稱為凌人。官府會修建冰窖，在清代的北京城，大約有十九處冰窖。《帝京景物略》中提到，從冬季十二月八日開始，"先期鑿冰方尺，至日納冰窖中，鑒深二丈，冰以入，則固之，封如阜。內冰啟冰，中涓為政"。北京城的這些冰窖，最多時藏冰

二十餘萬塊,每塊大約一百公斤重。(邱仲麟《天然冰與明清北京的社會生活》)

酷暑之時,官府會給下屬分發冰塊降溫避暑,這就是古代的"頒冰"和"賜冰"制度。吳自牧的《夢粱錄》說:"六月季夏,正當三伏炎暑之時,內殿朝參之際,命翰林司供給冰雪,賜禁衛殿直觀從,以解暑氣。"分配冰塊有一定的標準,往往是"官高職重冰則多"(宋·梅堯臣《次韻和永叔石枕與笛竹簟》)。皇帝也會把冰當作特殊的福利賞賜給某些特別的人,比如白居易,因為詩寫得好,深得人們喜愛,就可以在冰塊價格很高的夏天,隨意取用:"長安冰雪,至夏月則價等金璧。白少傅詩名動於閭閻,每需冰雪,論筐取之,不復償價,日日如是。"(五代·馮贄《雲仙散錄》)

官府除了分冰,也會把一些冰投放到市場上,以滿足大眾需求。民間也有人以採冰、售冰為業,南宋楊萬里的《荔枝歌》曰:"北人冰雪作生涯,冰雪一窖活一家。帝城六月日卓午,市人如炊汗如雨。賣冰一聲隔水來,行人未吃心眼開。甘霜甜雪如壓蔗,年年窖子南山下。"製冰售冰成了一些人的生計。街市上常有人賣冰,清代張塤的詩歌《冰》也寫道:"官冰猶未送,巷有賣冰人。"所賣冰塊,明代稱為冰盞,因為賣冰人"手二銅盞疊之,其聲磕磕,曰冰盞"(明·劉侗、于奕正《帝京景物略》卷二)。

皇帝和官員會在室內放置冰塊來降溫，一般是在廳堂之中陳設木架，上面放置"盆冰"。冰塊吸收熱量慢慢融化，這樣可以大大降低室內溫度。明代高濂的《遵生八箋》稱："楊氏子弟，每以三伏琢冰為山，置於宴席左右，酒醴各有寒色。"清代的文昭在《盆冰》詩中寫道："六月虛堂前，瓦盆木架承。暗響清如溜，涼氣浮如蒸。"看來消暑效果很好，令人頗感愜意。

古人也會用冰來保存食物。古代有類似冰箱的器物來儲存、冰鎮食物，常見的是冰鑒，明清出現了冰桶和冰盆。李零在《說冰鑒——中國古代的冰箱》一文中，列舉了數種出土的冰鑒。冰鑒是一種缶，可以用來冰鎮酒水。古代也有冰盤，可冰鎮酒水和瓜果。清代時京城流行用冰鎮食物宴客："宴客之筵，必有四冰果，以冰拌食，涼沁心脾。"（清·嚴辰《憶京都詞》）

古人在製作美食時廣泛地使用冰鎮方法，為了增加口感，會把澆製食物的乳酪、蔗漿進行冰鎮處理，這在夏日不啻為一種獨特的美味。"金盤乳酪齒流水"（宋·曾覿《浣溪沙·櫻桃》），"醍醐漬透冰漿寒"（元·迺賢《宮詞》），真是極好的消夏食物。

古人不但可以吃到冰鎮的食物和果蔬，還能吃到冰棒、冰淇淋之類的冰製品。有人說，冰淇淋原是中國人發明的，馬可·波羅帶回歐洲，才發明了現代的冰淇淋。古代曾流行吃一種"酥山"，據現代學者研究，類似於"冷凍奶油甜點"，是比較接近於冰淇淋的一種點心。（孟暉《酥·酥山·冰淇淋》）唐王泠然的《蘇合山賦》就說："味兼金房之蜜，勢盡美人之情。素手淋瀝而象起，玄冬涸冱而體成。足同夫露結霜凝，不異乎水積冰生。"

可以想像，在酷暑之日，吃到冰製品，那是何等的痛快："門前銅盞呼人急，卻是冰兒來賣冰。乾喉似火逢薪熱，一寸入口狂煙滅。"（明·徐渭《沈刑部善梅花卻付紙三丈索我雜畫》）

避暑的場所

就避暑的場所來說，皇帝的避暑地最佳。西漢未央宮有清涼殿，"中夏含霜"（魏·曹植《七啟》），無上清涼；十六國時期有"溫宮"和"涼殿"，以備冬夏，"陰陽迭更於外，而內無寒暑之別"（《晉書·赫連勃勃載記》）；唐明皇也有"涼殿"，"座內含凍"（宋·王讜《唐語林》卷四）等。

南宋周密在《武林舊事》中提到一個皇帝避暑的地方叫翠寒堂。有一次，一位大臣進入其中，竟至於"三伏中，體粟戰慄，不可久立"。皇上問後方知是室內清涼陰冷所致，趕緊讓人送綾紗披上。這個翠寒堂確實非

圖7-10　水殿納涼

同一般："長松修竹，濃翠蔽日，層巒奇岫，靜窈縈深，
寒瀑飛空，下注大池可十畝。池中紅白菡萏萬柄，蓋園
丁以瓦盎別種，分列水底，時易新者，庶幾美觀。又置
茉莉、素馨、建蘭、麝香藤、朱槿、玉桂、紅蕉、闍
婆、簷蔔等南花數百盆於廣庭，鼓以風輪，清芬滿殿。
御笐兩旁，各設金盆數十架，積雪如山。紗櫥後先皆
懸掛伽蘭木、真臘龍涎等香珠百斛。蔗漿金碗，珍果玉
壺。"進入其中，讓人有"不知人間有塵暑"之感。

一般人沒有那麼大的架勢，但也有其他的辦法。長
安人在夏天，以錦結為涼棚，裏面放置坐具，作“避暑
會”。李少師喜歡在暑天設置“臨水宴”，臨水飲酒，
清涼愜意，無日不盡歡。（明·高濂《遵生八箋》）

　　乘船入湖，是江南大戶人家的避暑方式之一。在南
宋臨安城，六月六日是民間信仰中的崔府君誕辰，此日被
當地人當作以避暑為主題的節日。“是日都人士女，駢集
炷香，已而登舟泛湖，為避暑之遊。”眾人乘船進入湖
中蔭濃清涼之地，至晚上才返回：“蓋入夏則遊船不復入
裏湖，多佔蒲深柳密寬涼之地，披襟釣水，月上始還。或

圖 7-11　蓮塘納涼

好事者則敞大舫、設蘄簟，高枕取涼，櫛髮快浴，惟取適意。或留宿湖心，竟夕而歸。"（宋・周密《武林舊事》卷三）

吳自牧的《夢粱錄》也提到，六月六日這天，如同民間的狂歡節："是日，湖中畫舫俱艤堤邊，納涼避暑，恣眠柳影，飽挹荷香，散髮披襟，浮瓜沉李，或酌酒以狂歌，或圍棋而垂釣，遊情寓意，不一而足。"

但也有人認為夏日不宜外出。《漢官舊儀》稱："伏日萬鬼行，故盡日閉，不干它事。"難道鬼不怕熱？

消暑之禁忌

陶淵明在夏天，"北窗下臥，遇涼風暫至，自謂是羲皇上人"（《與子儼等疏》）。這雖說是一種非常涼爽的避暑方法，但在養生家的眼中，頭迎着風，會對身體有傷害。所以古人發明了枕屏，用來遮擋頭部方向吹來的風，以免受到風侵。歐陽修詩中有關於枕屏的名句："有時醉倒枕溪石，青山白雲為枕屏。"（《贈沈遵》）歐陽修大概是很喜歡枕屏的，還專門寫過一首詩，叫《書素屏》："我行三千里，何物與我親。念此尺素屏，曾不離我身。曠野多黃沙，當午白日昏。風力若牛弩，飛砂還射人。暮投山椒館，休此車馬勤。開屏置床頭，輾轉夜向晨。臥聽穹廬外，北風驅雪雲。勿愁明日雪，且擁狐貂溫。君命固有嚴，羈旅誠苦辛。但苟一夕安，其餘非所云。"出行三千里，不離身的寶物竟然就是一個枕屏，可見這東西的好處。詩中詳細列舉了枕屏的功用，尤其是在晚上睡覺時"開屏置床頭"，來抵禦飛砂、北風。

上述冰涼之物雖能解一時之熱，但在中國人的養生之道中，卻反覆提醒飲食涼物有損於身體健康，因為涼食會給身體帶來很大的傷害："承暑冒熱，腹內火燒，遍身汗流，心中焦渴。忽遇冰雪冷漿，盡力而飲，承涼而睡，久而停滯，秋來不瘧則痢。"（《壽親養老新書》卷一）這體現了獨特的養生哲學。李時珍也提醒不能多食冰："夏冰，味甘，大寒，無毒。去熱除煩。暑月食之，與氣候相反。入腹，冷熱相激，非所宜也。止可隱映飲食，取其氣之冷耳。若恣食之，暫得爽快，久當成疾。"（李時珍補訂《食物本草》卷一）

總之，古人的避暑，既講究方法，也講究養生；既有豐富的裝備用具，也有愜意的場所。就古人的記載來看，彼時避暑的效果，絲毫不比現在差。古人也常會把避暑上升到哲思的境界，萬般避暑手段，都不及心態端正平和重要。所謂"心靜自然涼"，身體的燥熱多半肇因於心態的浮躁。"何如野客歌滄浪，萬事不理心清涼。流金礫石未為苦，勢利如火焚中腸。"（宋·劉子翬《夏日吟》）古人這方面的修養，確實是浮躁的現代人所遠不及的。

一派笙歌夜未央：
夜間的歡愉

晝起夜伏的觀念

　　古代社會中夜晚的生活是簡單的，一般人睡得都很早，對於這種現象有幾種解釋：一是認為農民勤勞，形成了"日出而作，日落而息"的作息方式；二是從養生的角度說，晝起夜伏符合自然規律；三是認為從社會管理的角度，政府為了強化社會的秩序，採用宵禁制度，除了一些特殊的節日，如元宵節外，其他日子晚上不允許活動；四是照明效果有限，現代的照明技術還沒有出現。

　　社會學家李景漢在《北平郊外之鄉村家庭》一書中，還提出了另外一個解釋，那就是照明的成本。此書調查的對象是民國時期的北京，但其中反映出來的一些情況對於中國古代社會來說也是基本適用的。書中談到民國時期農民家庭的照明，一般使用煤油。"在夏季，晝長夜短，許

圖 7-12　韓熙載夜宴

多貧家不用燈火，只在冬季天短時每晚用油少許，每月
少者約用一斤，多者約用二斤，每斤價約八分。普通人
家在暖季每月約用一斤，在冷季每月約用三斤。"根據
對一個村莊的調查可知，平均每家一年照明花費二元。
而這個村莊的收入情況，每家年收入在一百元上下，照
明費用佔年收入的百分之二。而全村一百多戶人家，每
年蔬菜消費未滿五元的有三十六家，佔三分之一多，所
以兩元的煤油費用，也算是一筆不大不小的開支了。古
代官方在一些節假日中張燈結彩，要求百姓掛燈，許多
百姓都難以承擔這筆對他們來說很高昂的費用。

夜晚的時間管理

古人晝起夜伏的生活方式受到了自然的限制，在照

明條件落後的情況下，晚上無法做更多的事。同時，時間的安排除了遵照自然規律以外，還受到社會管控因素的影響。對時間秩序的管理，是社會管理的重要內容，尤其是對於夜晚，歷代官方都有嚴格的管理制度，稱為夜禁制度。"禁民夜行"，夜間人們不能隨意出行，行為方式受到了很大的約束。白天的世界如果說是光明的、理性的、有秩序的，那麼黑夜則代表着黑暗、非理性、混亂與罪惡。《大元聖政國朝典章》中就規定："其夜禁之法，一更三點鐘聲絕，禁人行，五更三點鐘聲動，聽人行……違者笞二十七下，有官者笞一下，准贖元寶鈔一貫。"畫伏夜出，夜聚曉散，是對畫出夜伏秩序的打破，在官方看來，就代表着罪惡、奸盜之事。

宵禁制度也與城市防火有關。古代建築多用木材，而城市中人口密集，房屋距離很近，一旦失火，局面往往容易失控。儘管古代的城市建立了在當時來說比較完備的消防系統，比如南宋時的杭州城，城內有消防軍卒兩千多人，城外有一千二百多人，配備有水桶、繩索、旗號、斧頭、鋸子、燈籠、防火衣等裝備，但城市防火的壓力還是非常大的。馬可·波羅對於杭州城的燈火管制印象深刻，他專門記錄說："守望者們的職責是，在法定禁火的時刻到來之後，看看還有誰家露出任何火燭之光。如果他們發現到了，就會在其門上標上記號，而一大早房主便會被傳喚到官吏面前，如舉不出正當理由，便會受到懲處。同樣，在法令禁止的時間內如果他們發現有任何人在街頭亂走，亦會將其拘捕，並於次日清晨將其押送給官吏。"（〔法〕謝和耐〔Jacques Gernet〕著，劉東譯《蒙元入侵前夜的中國日常生活》）

夜間的狂歡

一個人的生活要有張有弛，如果一直處於緊繃狀態，長此以往，就會造成精神和心理的失衡。一個社會也是如此，平時政府對社會有嚴格的管控，但也會在一些特殊的日子放開各種禁令，讓人們得以放鬆。在各個民族、文化中，都有狂歡節，就是通過狂歡的方式來釋放被壓抑的生命本能，從而使社會心理得到平衡。古代中國的狂歡節就是元宵節，在這天，官方會破例取消夜禁，稱為"放夜"。"元宵不禁夜，自漢始"，在元宵節前後的幾個夜晚，都是"金吾不禁夜"，普通百姓得以肆意狂歡。統治者之所以願意弛禁，讓百姓在節日中娛樂狂歡，除了讓百姓得到放鬆和休息的目的之外，或更在意於從節日的色彩斑斕之中彰顯社會祥和繁榮的氣象。就如清人描述揚州燈節之繁華，雖不及前朝，但"銀花火樹，人影衣香，猶見昇平景象"（清·黃鈞宰《金

圖 7-13　月夜看潮

壺七墨全集》卷四）。政府以此來提振社會之凝聚力和向心力，從而維護統治秩序。

夜市

　　古代的夜市也十分紅火。《東京夢華錄》記載，宋太祖撤銷宵禁之後，汴京城中，"夜市直至三更盡，才五更又復開張。如要鬧去處，通曉不絕。"南宋時期的杭州，夜市非常流行，《夢粱錄》中說："杭城大街，買賣晝夜不絕，夜交三四鼓，遊人始稀，五鼓鐘鳴，賣早市者又開店矣。"按照現在的時間刻度，四更結束已是凌晨三點，此時"遊人始稀"，可見夜間活動的人很多，夜市也十分發達。五更時，賣早餐的商販就開業了，市場幾乎是全天候經營的。這種發達的夜市，一方面說明人們的夜間活動豐富，另一方面也說明經營活動的多元化，給人們的休閒生活帶來了更多的便利。

從一個細節可以看出夜市中酒樓的繁榮熱鬧 —— 汴梁夜市中沒有蚊子，原因是因為酒樓中油煙太多："天下苦蚊蚋，都城獨馬行街無蚊蚋。馬行街者，都城之夜市酒樓極繁盛處也。蚊蚋惡油，而馬行人物嘈雜，燈火照天，每至四鼓罷，故永絕蚊蚋。"（宋·蔡絛《鐵圍山叢談》卷四）

圖7-14　明代杭州北關夜市

還有一種"夜市"，從事的不是正常的商業行為，而類似於一種"黑市"，主要用於銷贓或秘密交易。在清代的南京，就有這樣的"夜市"："在笪橋，每五更，人各以所售物至，不舉燈，惟暗中度物，又不出聲，或價物兩直，或得利數倍，率以為常。舊傳以為偷兒所竊物，故以此時私鬻，其實不然，大抵皆故家兒，不欲顯言家物，忌人之知，以為恥耳。然故詩有云：'金陵市合月光裏。'則夜市之由來久矣。"（清康熙《江寧縣志》卷三）

晨起與夜晚的結束

　　四更（夜間 1 時至 3 時）或五更（凌晨 3 時至 5 時）往往就有人晨起，或苦讀，或遠行，或勞作，或買賣。凌晨時有不少專門的報曉者，多由寺院僧人來承擔："每日交四更，諸山寺觀已鳴鐘，庵舍行者、頭陀打鐵板兒或木魚兒，沿街報曉，各分地方。"（宋·吳自牧《夢粱錄》卷十三）北宋也是如此："每日交五更，諸寺院行者打鐵牌子或木魚循門報曉，亦各分地分，日間求化。諸趨朝入市之人，聞此而起。"（宋·孟元老《東京夢華錄》卷三）僧人報曉的同時，也會兼顧提示天氣情況，還形成了專門的術語："若晴則曰'天色晴朗'，或報'大參’，或報‘四參’，或報‘常朝’，或言‘後殿坐’；陰則曰‘天色陰晦’，雨則言‘雨’。”（宋·吳自牧《夢梁錄》卷十三）“三更燈火五更雞”，五更時分代表着新一天的開端，中國人向來勤奮，從五更時就陸續開始忙碌，一夜的歡樂時光也到此終結。

總之，古人在夜間的休閒生活十分豐富多彩。“兩行寶炬照華堂，一派笙歌夜未央。”（明·屠隆《夜飲李將軍帳中》）華燈初上，人們似乎進入到了另一個世界之中，徹夜笙歌，把酒邀月，歡愉無限。

煉藥燃燈清晝同：
花燈與煙火

觀燈

在照明條件不太發達的古代，在節假日的晚上觀燈，應該是最具有視覺衝擊力，也最令人振奮的活動。"燈光驅暗，可繼白晝"，燈光照亮了沉寂的夜空，也點燃了人們的激情。關於燈的娛樂活動很多，張燈、送燈、觀燈、放河燈、舞龍燈等，這些五彩繽紛的燈，將通常漆黑沉寂的夜色裝飾得色彩斑斕。

上元節（元宵節）觀燈，是一年之中最為重要的燈光嘉年華。這個晚上，到處火樹銀花，燈明如晝，色彩絢爛，鼓樂喧天，人們充塞街道，聚友呼朋，徹夜狂歡。宋初元宵弛禁，放燈三天，即正月十四至十六日。到宋太祖乾德五年（967），宵禁開放至五天，即加上正月十七、十八兩天，此後"燃燈五夜"就延續了下來。

圖 7-15　節日觀燈

北宋的開封和南宋的杭州，元宵燈會的規模都很大，據說杭州“南自龍山，北至北新橋，四十里燈光不絕”（《西湖老人繁勝錄》）。

　　觀燈習俗中還有一種特殊的形式，即打燈謎。清人顧祿《清嘉錄》說：“好事者巧作隱語，拈諸燈，燈一面覆壁，三面貼題，任人商揣，謂之‘打燈謎’。謎頭皆經傳、詩文、諸子百家、傳奇小說，及諺語、什物、羽鱗、蟲介、花草、蔬藥，隨意出之。”燈謎起自宋代，明清時期成為元宵節中重要的活動之一，文人雅士尤為熱衷。人們除了在元宵節猜燈謎，平日也會以此為娛樂。在宋代的瓦舍之中，就有專門用來猜謎的地方，竟然還出現了一些職業猜謎人，《武林舊事》中提到的就有十三位。

　　江南水鄉，流行駕船冶遊，在一些旅遊勝地，如南京秦淮河、杭州西湖等地，有專門用於夜間遊玩的燈船。燈舫以蘇州最佳：“燈舫皆吳人所有，俗名‘淌板船’……燈舫始興，頗尚明角琉璃燈。後玻璃盛行，則改用燒料明珠，穿以鐵絲，紮成五色玻璃燈。”（陳去病《五石脂》）技術的不斷改進，使得照明的效果越來越好，燈舫與河畔歌台舞榭交相輝映，這大概是古人所能體驗到的最為絢爛的景象了。

　　街道上的燈一部分來自官府，商家店舖也會在門頭

圖 7-16　兒童觀燈

懸掛燈籠，官府還會命令百姓在元宵夜點燈，當政者希望處處張燈結彩，以此來體現太平盛世的氣象。但許多百姓因擔負不起燈油而叫苦不迭。有人就在燈籠上寫了一首詩，來諷刺官府："富家一盞燈，太倉一粒粟；貧家一盞燈，父子相對哭。風流太守知不知，猶恨笙歌無妙曲。"（明·謝肇淛《五雜組》卷二）

煙火

能把古代的夜晚裝扮得絢麗多彩的，除了花燈之外，應該就是煙火了。中國人最先發明了火藥，有人批評中國人並沒有進而發明大炮，卻只用來製作煙火，其中包含的文明爭論暫且不論，煙火的發明確實為古代中國的夜空增添了不少亮色。據說煙火起源於隋煬帝，宋代高承的《事物紀原》說："火藥雜戲，始於隋煬帝。孟襄陽謂即火樹也。"北宋時期，在節日中放煙火已經十分普遍，尤其是在上元燈節，晚上人們爭相外出看煙火。

煙火的花樣繁多，明代沈榜的《宛署雜記》提到：燕城煙火，有響炮、起火、三級浪、地老鼠、沙砲兒、花筒、花盆、花兒諸制。有為花草、人物等形者。名幾百種，統名曰"煙火"。古代煙火的製作和燃放技術都很高超，北宋的煙火就能放出人物形象的效果來。宋話本《燈花婆婆》中寫道："只見那燈花三四旋，旋得象碗兒般大一個火球，滾下地來。咭的一響，如爆竹之聲，那燈花爆開，散作火星滿地，登時不見了，只見三尺來一個老婆婆。"宋人金盈之《醉翁談錄》中還記載了一種"藥發傀儡"，用煙火設計人物形象，點燃後煙火利用火藥的反衝力產生一些動作，令人驚歎："迎擁一佛子，外飾以金，一手指天，一手指地，其中不知何物為之。唯高二尺許，置於金盤中，眾僧舉揚佛事，其聲振地。士女瞻敬，以祈恩福。或見佛子於金盤中周行七步，觀者愕然。今之藥傀儡者，蓋得其遺意。"

明清煙火戲更加專業和複雜，不但能放出單人形象，更能放出一些歷史故事場景。伊永文在《到古代中國去旅行》一書中就列舉了清代煙火戲的一些名目：日月合璧、五星聯珠、雙鳳朝陽、二龍戲珠、海市蜃樓、回回獻寶、麒麟送子、獅子滾繡球、八仙過海、二仙傳道、東方朔偷桃、張生戲鶯鶯、呂布戲貂蟬、敬德洗馬、單雄信奪槊、華容道擋曹、張飛喝斷當陽橋、張果老倒騎驢、呂純陽醉扶柳樹精、韓湘子化妻成仙、費長房入壺、月明和尚度柳翠、孫悟空跳出五行山、陳搏老祖大睡覺、老子騎牛過函關、哪吒鬧海、周處斬蛟、楊香打虎、羅漢降龍、王羲之愛鵝、蘇屬國牧羊、莊子蝴蝶夢、八戒蜘蛛精、張仙打狗、和尚變驢等，花樣繁多，令人驚歎。

煙火的製作形成了一些品牌，有些地方以製作煙火而出名。如古代松江地區製作煙火的水準很高，"煙火尤盛，其制：以火藥實紙卷中，大小數百為一架，植巨木懸之，凡十餘層，層層施機，火至藥發，光怪百出，若龍蛇飛走，簾幕、燈火、星斗、人物、花果之類，粲然若神"（清嘉慶《松江府志》卷五）。而近代南京的煙火

圖 7-17　兒童放鞭炮

和鞭炮"以漢口鎮所製者為佳,故曰漢鎮財鞭。凡慶賀事悉用之,不獨元日然矣"(潘宗鼎《金陵歲時記》)。

放煙火需要專業人士,他們掌握着燃放技術。趙孟頫在《贈放煙火者》中稱讚他們的技術"巧奪天工":"人間巧藝奪天工,煉藥燃燈清晝同。柳絮飛殘鋪地白,桃花落盡滿階紅。紛紛燦爛如星隕,爚爚喧闐似火攻。後夜再翻花上錦,不愁零亂向東風。"對於普通人來說,這些放煙火者,就如同魔術師一般神奇。

326

明代還出現了"水上煙火",就是在水面上燃放煙火,雖是在白天燃放,但"製造繁華,不減夜間"。李開先為此賦詩曰:"紙船藏火藥,搖曳綠陰傍。熾焰燔危岸,飛煙掩太陽。炮驚魚出沒,花炫鳥迴翔。再赤周郎壁,欲從李相莊。"(《晝日觀水上煙火次夏鬐山韻》)所和原詩為:"巧技傳京國,載舟戲水旁。縱焚鏖赤壁,飛礮破襄陽。照浪魚龍駭,飄煙燕雀翔。昇平多樂事,偏集太常莊。"可見效果也是十分驚豔。

花竹幽窗午夢長：
睡眠及午睡

　　睡覺是人的基本生理需要，也是人們生活中最為重要的休閒方式。人生在世，"動之者半，息之者半"（《閒情偶寄》），睡眠佔用的時間很長。古人對睡眠非常重視，也很講究，如李漁在《閒情偶寄》中關於睡眠的專論，堪稱古代睡眠文化的提要之作。

睡眠與養生

　　通過睡眠，動靜結合，才能讓白天勞累的身體得以休息和放鬆，所以說睡眠是最重要的養生之道。李漁在《閒情偶寄》中說："養生之訣，當以善睡居先。睡能還精，睡能養氣，睡能健脾益胃，睡能堅骨壯筋。"

　　李漁還談到，要是一個患病之人一直睡不着，病情就會逐漸加重；要是能睡上一覺，醒來就會精神漸佳。

所以說，睡眠不只是睡眠，還是治病之藥，非一般之藥，還是"治百病、救萬民、無試不驗之神藥也"。

睡眠的時間與午睡

古人睡眠很講究時間，不光看一天睡足多少時間，還要看時辰，該睡時睡，該起時起，才符合養生之道，也能達到最好的睡眠效果。一般以戌時至卯時為睡眠時間，過早或過晚，均不合適："當睡之時，止有黑夜，捨此皆非其候矣。"（《閒情偶寄》）現代人經常晚睡，顛倒晝夜，在古人看來是十分不可取的。而且，在古人看來，睡眠時間不足或過長，也都是不適宜的。

如果說睡眠對人來說是基本的生理需要，那麼午睡則是多餘的消遣了。儒家對於午睡是持否定和批評態度的，最著名的例子是溫良恭儉讓的孔子因為學生宰予在白天睡覺，少見地發了一次火。孔子大罵宰予："朽木不可雕也，糞土之牆不可杇也。"（《論語·公冶長》）儘管對這句話有不同的解讀，但說儒家反對白天睡覺，大體是沒問題的。整體來看，惜時是儒家所提倡的重要價值之一。為政者的勤政、為學者的惜時，都是儒家所反覆頌揚的品質，如經常會使用"夙夜匪解"（《詩經·大雅·烝民》）、"夙夜不懈"（《呂氏春秋·首時》）之類的讚語。上海博物館藏戰國楚竹書《曹沫之陳》中提到魯莊公："不晝寢，不飲酒，不聽樂，居不設席，食不貳味。""不晝寢"作為首要的美德而被讚揚。

儒家反對午睡的第二個著名例子與漢代的邊韶有關。《後漢書》記載："韶口辯，曾晝日假臥，弟子私嘲之曰：'邊孝先，腹便便。懶讀書，但欲眠。'韶潛聞之，應時對曰：'邊為姓，孝為字。腹便便，《五經》笥。但欲眠，思經事。寐與周公通夢，靜與孔子同意。師而可嘲，出何典記？'嘲者大慚。"（《後漢書·邊韶傳》）

弟子其實有些不像話，老師白天躺了一會兒，他們就嘲笑老師肚子太大，而且白天不讀書，只知道睡覺。

圖 7-18 邊韶晝眠

按照儒家的看法，弟子們的觀點沒有錯。但晝眠的邊韶卻反駁弟子，說自己肚子大是用來裝經典的，白天睡覺其實是在思考問題，就像孔子夢通周公一樣。弟子被辯倒而大慚。儘管善於辯論的邊韶駁倒了弟子，但後來者卻經常拿邊韶晝眠說事，對他大加嘲笑諷刺。唐代詩人盧綸就說"邊韶唯晝眠"，就是說邊韶只知道在白天睡大覺。邊韶的壞名聲由此奠定，正如《聲律啟蒙》所言："潘岳不忘《秋興賦》，邊韶常被晝眠嘲。"邊韶晝眠的故事被廣泛傳播，除了經常成為詩歌中的典故外，還成了繪畫的素材，唐代畫家陸曜繪有《六逸圖》，其中就有"邊韶晝眠"（北京故宮博物院藏）。

劉師培《孔門弟子多治諸子學》一文談到，宰予之所以晝寢，乃是因為其同時治黃老之術，黃老之術近於後來的道教。道教重養生，在道教的觀念中，午睡是重要的養生方式之一。唐末張令問《寄杜光庭》詩曰：

試問朝中為宰相，何如林下作神仙。
一壺美酒一爐藥，飽聽松風清晝眠。

美酒、丹藥與晝眠，加在一起，確實近乎神仙的境界了。後人贊成午睡者，也多從養生的角度加以論證。前引李漁在《閒情偶寄》中談論睡眠對於養生的作用，尤其提到午睡的功用，特別是夏日午睡，"養生之計，未有善於此者"。

另外值得一提的是，也有觀點認為午睡是不利於健康的。如《韓詩外傳》卷六提到："衛靈公晝寢而起，志氣益衰。"元代的忽思慧在《飲膳正要》中說："晝勿睡，損元氣。"

睡眠、午夢與隱逸

道家對現實保持着一種批判與超脫的立場，追求對現世的超越，做夢常被當作一種超越現實的方式。莊子認為人生如夢，夢如人生："方其夢也，不知其夢也。"（《莊子·齊物論》）道家對於時間的態度，並不像儒家那麼分秒必爭，而是在現實之中追求逍遙的境界。生死

圖 7-19　竹榻小憩

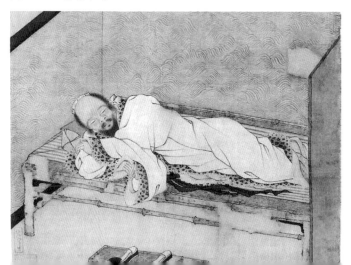

都無區別，何必對時間那麼苛求呢？他們對時間抱持閒適、從容、泰然的態度。現實或不那麼令人滿意，除了歸隱山林，夢境也成了一種隱逸的歸宿。古代詩文中很多作品都體現了道家的這種追求。如白居易在《睡起晏坐》中寫道：

> 後亭畫眠足，起坐春景暮。
> 新覺眼猶昏，無思心正住。
> 淡寂歸一性，虛閒遺萬慮。
> 了然此時心，無物可譬喻。
> 本是無有鄉，亦名不用處。
> 行禪與坐忘，同歸無異路。

進入夢境，人可以暫時擺脫現實功利的束縛，進入到一個自由而逍遙的世界。做夢成了一種逃避現實、追求出世與隱逸的途徑。對於那些在官場不得意之人，也可以在片刻的午夢中找到些許安慰。陸游在《長相思》中說："滿腹詩書不直錢，官閒常畫眠。"元代張可久《清江引》寫草庵午睡："華堂碧玉簫，紫綬黃金印，不如草庵春睡穩。"做夢會讓人進入到另一個時空之中，夢境與現實常會形成某種張力，由此，夢境也成了反觀現實的一種方式。多數的烏托邦作品都是對於現實的批判，所以說，古人的夢境，除了表達隱逸、虛空的感悟，逃避現實之外，還承擔着社會批判的功能。

古人對於時間十分敏感，古詩文中有關傷春、悲秋、生離、死別的主題很多。午夢初醒，也常會勾起人們對於時光易逝的愁思，這也是對韶華漸去的一種情感回應。宋代周晉的詞中，有"午夢初回，捲簾盡放春愁去"這樣的句子。周邦彥的《蝶戀花》中，也有着這樣的感慨："午睡漸多濃似酒，韶華已入東君手。"

午睡也是古代文學作品實現時空轉換的主要手段。如今穿越題材的文藝作品十分流行，其實古代也有很多這類題材。如何在作品中實現穿越呢？很多作品都是通過一場白日夢實現的。如大家耳熟能詳的南柯一夢、黃粱一夢、遊園驚夢等，大概都指的是午睡或晝眠。

如果說午睡是實現時空轉換的方式，那麼驚夢則是由夢境返回現實的途徑。"驚夢"是關於午睡的詩文中最常見的主題。驚夢往往由某些聲音所造成，常見的如雨聲、蟬聲、鳥鳴、棋聲等。宋代楊萬里的《昭君怨·詠荷上雨》就描繪了驟雨驚醒午夢的情形：

午夢扁舟花底，香滿西湖煙水。急雨打篷聲，夢初驚。卻是池荷跳雨，散了真珠還聚。聚作水銀窩，瀉清波。

驚醒美夢最常見的聲音是鳥鳴，如"黃鳥數聲殘午夢"（宋·王安石《書湖陰先生壁二首》），"午眠見金翹，驚覺數聲啼鳥"（宋·曾撥《西江月》）等。

睡眠的環境與睡具

古人很重視睡眠的環境。李漁對睡眠之地的要求有二：一是靜；二是涼。安靜是入睡的基本前提，喧囂

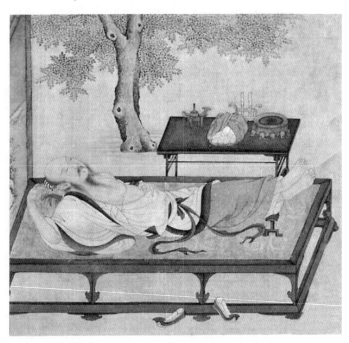

圖 7-20　槐蔭消夏

之所，實在令人難以安眠。對於涼的要求，則主要是夏季的需要。"不涼之地，止能睡魂，不能睡身，身魂不附，乃養生之至忌也。"陶淵明曾說："五六月中，北窗下臥，遇涼風暫至，自謂是羲皇上人。"（《與子儼等疏》）五六月間，躺在北窗之下，有涼風吹來，便是無上的享受。陶潛之後，北窗下臥，成了避暑的方式，也成了隱逸的象徵。

古人睡眠也講究姿勢。孔子說："寢不尸，居不容。"（《論語·鄉黨》）就是說，睡覺時不能平躺，在家時不必過分端莊。南宋理學家蔡元定的《睡訣銘》說得很細："睡側而屈，覺正而伸。"睡覺時側身屈腿，醒來時正過身體，伸展腿腳。睡眠的姿勢也會隨着季節的不同而有不同的講究："自立春後至立秋前，欲東其首。立秋後至立春前，欲西其首。"（宋·蒲虔貫《保生要錄》）

但有些時候就無法顧及姿勢了，比如說在戶外。古人的午睡非常普遍，有人在行旅之中還要午睡，這就需要利用一些睡具。在古籍中經常提到一種睡具，那就是胡床。胡床並非是現在意義上的床，而是一種可以折疊的坐具，類似於現在的馬紮。大概是便於折疊、攜帶，因此經常被用作午睡的用具。宋朝范成大在《北窗偶書》中說道："胡床憩午暑，簾影久徘徊。"宋代葛鄉的《蘭陵王·和吳宣卿》一詞中，也有"一枕胡床晝眠足"的句子。明代文人袁宏道《和江進之雜詠》說："山亭處處挈胡床,不獨遊忙睡亦忙。"看來胡床是當時很普遍的午睡用具,外出、旅遊時攜帶,隨時可以用來入眠。

睡眼與睡心

蔡元定的《睡訣銘》曰:"睡側而屈,覺正而伸,早晚以時。先睡心,後睡眼。"朱熹對此大加稱讚,認為此訣具有"古今未發之妙"(宋·周密《齊東野語》卷十六)。此中最重要的是睡眼與睡心之說。眼睛入睡是身體的睡眠、形式上的睡眠,心睡才是真正的睡眠。要睡心,首先心理上要進入安閒的狀態,過於忙碌,壓力太大,只能睡眼而難以睡心。其次要內心平和,無愧於心。曾國藩提到陸游"每以美睡為樂,蓋必心無愧怍,而後睡夢皆恬,故古人每以此自課也"(《曾國藩日記》咸豐十一年正月初二日)。如果心有煩惱,自然難以入睡。《遺教經》說:"煩惱毒蛇,睡在汝心。睡蛇既出,乃可安眠。"(宋·周密《齊東野語》卷十六)尼采的《查拉圖斯特拉如是說》中說:"他立即進入睡鄉,身子很倦,可是靈魂很安寧。"(錢春綺譯文)指的就是睡眠時內心安詳的狀態。《格言聯璧》收有一副對聯:"讀書

圖 7-21　月下泊舟

即未成名，究竟人高品雅；修德不期獲報，自然夢穩心安。”說的就是道德高潔，內心安穩，才能睡得踏實。

　　進入現代社會之後，人們的生活和工作節奏加快，個人自由時間減少，午睡也就成了一件很奢侈的事。在古代詩文中，午睡的時間是一種詩意的時間，而在現代生活中，無法午睡的快節奏生活，反映的是人正處於異化的時間之中。

第八章

空間：自然、鄉村與城市

費孝通在《差序格局》一文中對中國的社會組織方式有個形象的比喻，那就是，中國的社會格局"好像把一塊石頭丟在水面上所發生的一圈圈推出去的波紋，每個人都是他社會影響所推出去的圈子的中心"。就人們所生活的空間來說，似乎也是如此向外一圈圈推的。城市和農村的生活空間有所不同。對於城市人來說，家庭空間外一圈是城市空間，在城市中有一些功能性的細分空間，城市之外則是鄉野空間。城市中的各種功能齊全，能滿足人們各種層次和各方面的需求。對農村人來說，最中心的生活空間是家庭，之外有鄰里街坊，再外是村落、基層市鎮，再往外是縣城以及更大一級的城市。這種生活空間的層次性，對於理解古人的生活，尤其是休閒生活，是十分重要的。作為連游的中心，家庭是最基本的生活空間，也是最基本的休閒空間。家庭之外，農村之中的田間地頭、房前屋後，都是娛樂空間。對於農民來說，最重要的娛樂空間，恐怕就是集市和廟會了。農村的廟會除了祭祀、貿易功能之外，最為重要的功能就是給普通民眾提供了一個放鬆休閒的場合。對於多數農民來說，一生之中進入縣城的機會十分難得，更遑論進入大城市了。城市中的人，可以選擇瓦肆勾欄、茶館酒肆、客舍商舖等進行娛樂休閒；在節假日，則可以出城進入鄉野，踏青遊玩。自然之中，名山大川、江河湖泊，都是人們放鬆心靈之所。近代以來，新式戲院影樓、餐館酒吧、公園廣場，更成了城市繁華的象徵。

山水之中足可娛：
山水與自然

"自然"的形成

　　最初的"自然"概念，指的是原始的、生糙的、沒有人為因素參入其中的自然界。而隨着文明的演進，自然的概念發生了變化，自然成了"自然而然"之"自然狀態"與"本然如此"之"自然本質"，此"自然"其實成了文明的創造物。在原始的"自然"中，自然是充滿危險和未知的世界，是人們千方百計要避開的地方；而文明的"自然"，則是充滿了神秘和浪漫的烏托邦，是人們心嚮往之的所在。尤其是隨着城市文明的興起，城市中重利輕義的商業氣氛、淡漠的人際關係、緊張的生活節奏、污濁的生存環境等，使得"自然"成為城市"文明"的對立面，而被人們所想起。身在文明世界中的人，愈發感受到自然的可貴。

瑞士歷史學家布克哈特（Jacob Christoph Burckhardt）在其名著《意大利文藝復興時期的文化》中揭示，西方人對自然美的發現起源於文藝復興時期："準確無誤地證明自然對於人類精神有深刻影響的還是開始於但丁。他不僅用一些有力的詩句喚醒我們對於清晨的新鮮空氣和遠洋上顫動着的光輝，或者暴風雨襲擊下的森林的壯觀有所感受，而且他可能只是為了遠眺景色而攀登高峰——自古以來，他或許是第一個這樣做的人。"（何新譯文）而在中國，這一自然觀的轉變發生在魏晉南北朝時期。就像宗白華在《論〈世說新語〉與晉人的美》中所說："晉人向外發現了自然，向內發現了自己的深情。山水虛靈化了，也情致化了。陶淵明、謝靈運這般人的山水詩那樣的好，是由於他們對於自然有那一股新鮮發現時身入化境濃酣忘我的趣味；他們隨手寫來，都成妙諦，境與神會，真氣撲人。"

遊山玩水的興起

有關自然的觀念在魏晉南北朝時期發生變化之後，遊山玩水的風氣也就逐漸形成了。山水不再只是自然的山水，更是精神和藝術的山水，是一種擺脫拘束、無所羈絆的自然狀態，是沒有世俗與名利干擾的自然而然的

圖 8-1　溪山暮雪

圖8-2 江帆樓閣

境界。《世說新語》記載晉簡文帝入華林園，對周圍的人說：“會心處不必在遠。翳然林水，便自有濠濮間想也，覺鳥獸禽魚，自來親人。” 在林水之間，就有悠然自得的會心與情趣。對於儒家知識分子來說，“窮則獨善其身，達則兼善天下”（《孟子·盡心上》），顯達時積極進取，建功立業，困厄時退隱山林，回歸自然。自然成了知識分子的另一個精神向度。晉朝的庾峻說：“有朝廷之士，又有山林之士。朝廷之士，佐主成化，猶人之有股肱心膂，共為一體也；山林之士，被褐懷玉，太上棲於丘園，高節出於眾庶。”（《晉書·庾峻傳》）魏晉名士追求無為與自然，整日縱情享樂，癡遊山水，遊目騁懷。阮籍 “登臨山水，經日忘歸”，時常 “率意獨駕，不由徑路，車跡所窮，輒慟哭而反”（《晉書·阮籍傳》），自然其實就是精神的寄託。

　　與遊山玩水風氣相伴隨的是山水畫、山水詩和山水遊記的興起。南朝劉宋時期畫家宗炳好遊山水，“棲丘飲谷，三十餘年”（《宋書·宗炳傳》）。他把自己所作的山水畫掛在臥室，晝夜 “臥遊”，山水之間自能安頓精神。山水詩在魏晉時期也開始走向獨立，謝靈運是山水詩的代表，“山水含清暉，清暉能娛人”（《石壁精舍還湖中作》）。在山水之中寄託精神和理想，成為中國文學和藝術長久的主題。宋元之際的王義山在《齋居雜興》中寫道：“山水之中足可娛，田園數畝任荒蕪。論交惟有詩知己，把酒相忘月與吾。”極好地表達出了中國人尤其是士大夫對於自然與生活之間關係的態度。

園林：人為的自然

在城市的喧囂之中，士大夫及官宦之家開始追求一種清雅幽靜的生活環境，在城市中追求鄉居之情趣，於是園林應運而生。在田宅之中建造園林美景，雜植花草，設山置石，植修竹，蓄小湖，憑欄把玩，四時常新，足不出戶，即能覽盡田園美景。園林作為一種人為的“自然”，利用人工手段，營造天然本真的野趣，是一種獨特的生活美學。

古代帝王喜好建造園囿，用以狩獵、觀賞或遊玩，但真正意義上的園林是文人園林。魏晉時期開始出現文人小園，一般的士大夫並無雄厚財力建造豪華園林，但卻能在一個小園之中找到精神的歸宿。庚信《小園賦》曰：“一寸二寸之魚，三竿兩竿之竹。雲氣蔭於叢蓍，金精養於秋菊。棗酸梨酢，桃榹李薁。落葉半床，狂花滿屋。名為野人之家，是謂愚公之谷。”園林雖小，境界卻高。園林最盛的時期是明清，南北均流行造園：“北土名園，莫多於都下；南中名園，莫盛於西湖。”（明·

圖 8-3　明代的拙政園

薛岡《天爵堂文集筆餘》卷二）江南因地理環境得天獨厚，
園林更具特色，揚州、蘇州、杭州等地園林遍地。這個
時期也是江南文化極盛的時期。園林是文人精神的後花
園，在其中蘊藏着文人無窮的樂趣。

　　園林之中最重要的是假山怪石，它們是自然雅趣最
好的表現形式。建造假山的風氣始於西漢，宋明時期頗
為流行。江南園林中，多用太湖石建造奇峰異洞，鑿峭
嵌空，造就了許多妙境奇景。周密在《癸辛雜識》中提

到，園林中假山之大者，"一山連亙二十畝，位置四十
餘亭"，讓人歎為觀止。他又提到俞子清家的假山，
秀拔有趣，更是奇絕罕見："峰之大小凡百餘，高者至
二三丈，皆不事餖飣，而犀株玉樹，森列旁午，儼如群
玉之圃，奇奇怪怪，不可名狀……乃於眾峰之間，縈
以曲澗，甃以五色小石，旁引清流，激石高下，使之有
聲，淙淙然下注大石潭。上蔭巨竹、壽藤，蒼寒茂密，
不見天日。旁植名藥、奇草，薜荔、女蘿、菟絲，花紅
葉碧。潭旁橫石作杠，下為石渠，潭水溢，自此出焉。
潭中多文龜、斑魚，夜月下照，光景零亂，如窮山絕谷
間也。"雖說是"假山"，卻有着比真實的山水更多的
意趣，這大概也是人們喜歡園林的原因所在。

莫將城市比山林：
城市與鄉村

都市繁華

　　城市是人類文明的標誌之一，是人類智慧的創造。美國社會學家芒福德（Lewis Mumford）在《城市發展史》中已經指出，城市的起源更多的是精神性的需要，對於城市的起源和存在來說，這比實際生活的需求更為重要。城市不只體現出政治、軍事、宗教、經濟、文化等功能，同時也為人們的閒雅生活提供了空間基礎和物質條件。

　　與西方的城市相比，中國早期城市的政治功能更加重要。張光直認為：“中國最早的城市的特徵，乃是作為政治權力的工具與象徵。”“中國初期的城市，不是經濟起飛的產物，而是政治領域中的工具。”（《中國青銅時代》）並以三代遷都為例，說明遷都的原因不是戰爭、遊牧、農業等因素，而是政治上的需要。“就動機而論，城市構築其實是一種政治行動。"（《美術、神話與祭祀》）但在宋代之後，中國城市的經濟功能和娛樂功能逐漸增強，如日本漢學家斯波義信對宋代商業與社會的研究（《宋代江南經濟史研究》）、美國漢學家施堅雅（George William Skinner）對中國晚近城市的研究（《中華帝國晚期的城市》）、英國漢學家伊懋可（John Mark Elvin）對上海的研究（《帝制後期中國的城市》），以及美國漢學家羅威廉（William T. Rowe）對漢口的研究（《漢口：一個中國城市的商業和社會〔1796—1889〕》）等，都旨在證明城市在中國社會中發揮的經濟作用超過政治作用。兩宋時期的商業化對城市的發展確實產生了巨大的作用，如薛鳳旋就指出，宋代"城市經濟的發展令城市發展出現新動力，也改變了城市的傳統性質和土地利用結構。漢唐的行政型城市至此時已轉型為商貿和娛樂型的新城市"（《中國城市及其文明的演變》）。

中國古代城市繁華的程度，在世界範圍內都是很突出的，就像馬可·波羅到了杭州後，感歎道："行在之大，舉世無匹。一個人可以在那裏尋到這麼多樂子，簡直恍若步入天堂。"南宋偏安杭州，抱着收復故土的決心，所以把杭州稱為"行在"，與"臨安"的意義相通。馬可·波羅驚歎杭州如同天堂，卻不知（或者已知）中國人早就把蘇杭以"天上"相稱。後來著名的俗諺"上有天堂，下有蘇杭"，更是流傳至今。

人們在滿足了基本的生活需求之後，就自然產生了奢侈消費的需求。現代社會中，奢侈性消費佔整體消費的比重很大，遠遠超出了實用性消費。在古代社會中，有限的經濟條件或許不能支撐起大眾過多的奢侈性消費，但對於一些富貴階層來說，這類的消費還是很多的。在明清時期，普通人的奢侈性消費也逐漸增多。在此背景下，明清時期的城市中，也出現了專門的休閒購物街區，以滿足人們享受性的需求。商店數量繁多，裝潢佈置考究，商品琳琅滿目、花樣翻新，這些商業街區

圖 8-4　清代蘇州

成為城市奢華的象徵。

城市中的享樂場所甚多，飯舖、客棧、酒店、茶肆、歌館等應有盡有。清人顧公燮記述了蘇州的娛樂生活："以吾蘇而論，洋貨、皮貨、綢緞、衣飾、金玉、珠寶、參藥諸舖，戲園、遊船、酒肆、茶店，如山如林，不知幾千萬人。"（《消夏閒記摘抄》卷上）台灣學者巫仁恕在《優遊坊廂：明清江南城市的休閒消費與空間變遷》一書中，就聚焦於寺院、戲館、遊船、青樓、酒肆、茶店、蟋蟀局、鵪鶉局等具有代表性的城市休閒娛樂場所。在城市的一些公共空間中，經常會有一些雜技表演，尤其是節假日，此類表演更是種類繁多，令人應接不暇。如杭州西湖的蘇堤，一直是江湖藝人表演的絕佳舞台："蘇堤一帶，桃柳陰濃，紅翠間錯，走索、驃騎、飛錢、拋鈸、踢木、撒沙、吞刀、吐火、躍圈、筋斗、舞盤，及諸色禽蟲之戲，紛然叢集。"（明·田汝成《西湖遊覽志餘》卷二十）

古代城市中有很多商業店舖，能滿足人們的生活和娛樂需要。《夢粱錄》說南宋杭州城"戶口浩繁，州府廣闊，遇坊巷橋門及隱僻去處，俱有鋪席買賣。蓋人家每日不可闕者，柴米油鹽醬醋茶。或稍豐厚者，下飯羹湯，尤不可無。雖貧下之人，亦不可免。"這些鋪席，雖以滿足人們的基本需求為基本功能，但也能提供高級的奢侈性需求，以滿足人們多層次的需要。清代畫家徐揚的《盛世滋生圖》(俗稱《姑蘇繁華圖》)展現了蘇州商街的繁榮景象,其中有人物一萬二千多人,船舶四百餘條,橋梁五十餘座,可辨認招牌的店舖近二百六十家,戲曲場景十餘處。在近二百六十家店舖中,包括以下這些類型:酒店飯店小吃飲食店舖三十一處,棉花棉布業二十三家,油鹽糖雜貨業十七家,糧食業十六家,絲綢店舖十四家,衣服鞋帽手巾十四家,錢莊典當業十四家,醫藥業十三家,圖書字畫文化用品十家,金銀首飾珠寶玉器八家,瓷器七家,煙草七家,命相測字七家,涼席業六家,茶室六家,漆器業五家,銅錫鐵業五

圖 8-5　清代蘇州繁華的商業街

家，燈籠業五家，蠟燭業五家，南貨業五家，醬菜業五家，酒業四家，竹器業四家，染料業四家，柴炭業三家，船行三家，客棧三家，果品業兩家，花木業兩家，扇子舖兩家，洋貨兩家，皮貨業一家，麻行一家，豬行一家，樂器店一家，澡堂一家。（范金民《清代蘇州城市工商繁榮的寫照——〈姑蘇繁華圖〉》）

　　商業店舖很多，店舖多以招幌來引起顧客注意。招徠生意，廣為現代人所熟知的就是酒旗。其實其他店舖亦是如此，用招幌或用實物、圖像和符號、文字等作為招牌：「善賈者招之以實貨，招之以虛名，招之以坐落、門面、字號，而總不若招牌之豁目也。」（清·李光庭《鄉言解頤》卷四）招牌作為古代的一種視覺廣告，具有無法取代的作用。同時，這些精心製作的招幌，也起到了美化城市環境的作用。諸多有關都市繁華的體驗和描寫，都依託在這些色彩斑斕的招牌上。

　　宋代城市中有瓦肆勾欄，是專門用以娛樂的空間，其中有雜劇表演、講史、傀儡戲、影戲、雜技等，也有一些店舖售賣東西。城市中瓦舍數量很多，《東京夢華錄》記載開封有五十餘座勾欄，名為象棚的勾欄是規模最大的，可容納數千人，實屬壯觀。瓦舍之中熱鬧非凡，「不以風雨寒暑，諸棚看人，日日如是」。如此消遣娛樂的所在，讓人沉迷其中，「終日居此，不覺抵暮」。

城市之中有專門的商業演出群體，為大眾提供豐富的娛樂節目："吹彈、舞拍、雜劇、雜扮、撮弄、勝花、泥丸、鼓板、投壺、花彈、蹴鞠、分茶、弄水、踏混木、撥盆、雜藝、散耍、謳唱、息器、教水族飛禽、水傀儡、鬻水道術、煙火、起輪、走線、流星、水爆、風箏，不可指數，總謂之'趕趁人'，蓋耳目不暇給焉。"（宋·周密《武林舊事》卷三）

城市與鄉村

城市總是流行時尚起源與興盛的地方。德國哲學家西美爾稱時尚其實是一種模仿，往往是社會中地位較低的階層模仿地位較高的階層。在城市與鄉村這一組關係中，城市也常常是鄉村的模仿對象，當城市中的居民穿着不合潮流時，就常被譏諷為"鄉下人"，此風似乎至今猶存。明嘉靖時的《宣府鎮志》說："城市中，絕無男子服褌衫兩截者，有之則眾笑曰'村夫'；絕無婦人戴銀簪珥者，有之則眾笑曰'村婦'。"且不去評價其中包含的歧視眼光，只就風尚之流動來說，大概足以證明城市才是時尚的引領者。有趣的是，在城市與鄉村的關係中，城市因農村不合時尚而嘲諷之，鄉村則會因城市太過於商業化而批判其道德的衰落。在中國傳統價值體系中，

圖 8-6　春日市集

重農抑商的觀念深厚，多視商業為“不勞而獲”的牟利
行為，而農業的耕作方式才體現有勞而獲的價值取向。

　　民國時期的社會學家李景漢在《定縣社會概況調查》
中談道：“城市的娛樂雖是重要，鄉村的娛樂尤其重要，
因為鄉村的生活簡單，各種文化的機關缺乏，社會團體
的生活太少。這樣，農民除了耕種收獲，娶妻生子，新
年酬酢，逛廟燒香，牆根底下談天等等以外，很少有別
種複雜社會的生活，尤其是社會的娛樂。”

作為烏托邦的鄉野世界

　　中西早期文獻中對於城市多持讚美的態度，對鄉村

則視之為荒落和窮僻之地。而在現代人的觀念中，尤其是對大多數人文學者來說，對於城市多持批判的態度；對鄉村，則認為那是浪漫與純淨之地。對於城市和鄉村看法的轉變，在中國大概發生於魏晉時期，西方則在文藝復興時期。轉變的原因，乃是城市所代表的"文明"顯露出許多弊端，使得人們轉而向鄉野尋找精神的棲息地。文明的本質是人為，鄉野的本質則是自然。在這一城市和鄉村對立的視野下，對於鄉野的讚美，虛構和想像的因素遠大於現實，或可說，這樣的鄉野世界，乃是被建構起來的一種"烏托邦想像"。

在中國的城鄉結構中，雖然城市在行政、軍事上居核心地位，但在文化認同上，鄉村則一直是中國人，尤其是士大夫的心靈棲息之地。德國社會學家馬克斯·韋伯（Maximilian Karl Emil Weber）認為："在一般情況下，所有中國人都被歸屬於某一個被認為是田園牧歌風格的自然村莊，不管是在正式場合（通過法令規定，要在自己家鄉所在的行政區登記），還是在非正式場合（通過多愁善感的同鄉和血緣聯繫）。"在他看來，中國城市中的居民，並非以棲身的城市作為歸屬地，而是把血緣和原籍村落當作認同感的核心，所以馬克斯·韋伯說："'城市'從來就不是'故鄉'，對於其大多數居民來說，只不過是典型的遠離家鄉的一個地方而已。"（《中國宗教》）

圖 8-7　文人理想中
和諧恬靜的鄉村世界

竹籬茅屋真吾家：
居住空間與生活理想

居住環境與選擇

　　居住空間的選擇、營造和佈置，足以看出一個人的生活情趣。惜乎除了豪貴之外，普通人在歷史中的多數時間裏無法在住宅方面達到充分的自由，就像今日多數中國人也還在為住房奔波操勞。古代貧寒之家自不用說，居住條件非常惡劣，常是茅屋遮雨。而普通人家的住房也極為簡樸。城市之中，人口繁多，空間逼仄，很早就出現了樓房，以解決房少人多的問題。如南宋的杭州城："戶口繁夥，民居屋宇高森，接棟連居，寸尺無空，巷陌壅塞，街道狹小。"（宋·吳自牧《夢梁錄》卷十）在有限的空間中，居住條件也有很大局限。然而富貴之家，宅邸往往豪奢無度，如司馬光所言："宗戚貴臣之家，第宅園囿，服食器用，往往窮天下之珍怪，極一時之鮮明。惟意所致,無復分限。以豪華相尚,以儉陋相訾。厭常而好新,月異而歲殊。"(《論財利疏》)這些裝飾華麗、高大雄偉的府邸,常會引來社會上的批判之聲,歐陽修就寫道:"碧瓦照日生青煙,誰家高樓當道邊。昨日丁丁斤且斫,今朝朱闌橫翠幕。主人起樓何太高,欲誇富力壓群豪。"(《壽樓》)普通茅屋瓦舍之中,突然出現一兩處豪宅,確實很招搖。

官方對於建築的格局、裝飾等方面,有着嚴格而具體的規定,如宋代就明確要求:"凡民庶家,不得施重栱、藻井及五色文采為飾,仍不得四鋪飛簷。庶人舍屋,許五架,門一間兩廈而已。"(《宋史・輿服六》)這些規定,一方面是警示社會上的侈靡之風,強調儉樸節用;另一方面也是通過對居第的規劃,來強化階層之間的身份和地位。

風水

中國人很講究居住環境的選擇,廣為流行的風水之術,如果拋開其中神秘和迷信的因素,可以看作是中國古代的環境科學。建築學者漢寶德在《建築桃花源》一書中說:"自古以來,風水是構成我們民族思想形態的一部分,在國人傳統行為模式與生活觀念裏佔有重要地位。""自明代以來，風水實際上是中國的建築原則，風水先生實際上是中國的建築師。"被譽為"風水聖經"的《宅經》與《葬書》，分別是陽宅和陰宅（墓地）的環境選擇指南。在《葬書》中，最重要的風水原則是這樣表達的："氣乘風則散，界水則止，故謂之風水。風水之法，得水為上，藏風次之。"風水術非常複雜，但簡單來說，就是通過選擇山川形勢，通過風與水的藏聚和圍護來保存"生氣"。山和水是其中最重要的因素，所以古人對居住環境的選擇尤重山水。南宋羅大經說："余行天下，凡通都會府，山水固皆翕聚。至於百家之邑，十室之市，亦必倚山帶溪，氣象回合。"（《鶴林玉露》丙編卷六）周密亦說："人家住屋，須是三分水，二分竹，一分屋，方好。"（《癸辛雜識》）有山有水，有樹有竹的環境，不用風水先生來提醒，普通人自然也能感受到這是怡人宜居的環境。

文人的居住理想

最重視居住空間的精神和人文內涵的是士大夫群體。他們會在現有條件下盡可能地追求符合自己趣味的雅致環境，以此來安頓心靈。閒雅的生活理想，更是需要優雅的空間作為依託。"縉紳喜治第宅"（明·

圖 8-8　文人理想的居所

圖 8-9　上圖細部

圖8-10　充溢着濃濃文人氣息的居住環境

謝肇淛《五雜組》卷三），古代士大夫喜歡經營宅第，
或窮極土木，廣奢華麗，或清靜幽雅，淡泊明志，無
不費盡心思。南宋丞相趙鼎悉心經營臨安太廟南面壽
域坊的宅第："奇花嘉木，環植周圍。堂之四隅，各設
大爐，為異香數種。每坐堂上，則四爐焚香，煙氣氤
氳，合於坐上，謂之香雲。"（《宋人軼事彙編》卷十四）
其景宛若仙境一般。

　　鄭板橋曾談到自己建造宅院的計劃，大概可以代表
士大夫關於居住環境的理想："吾弟所買宅，嚴緊密栗，
處家最宜，只是天井太小，見天不大。愚兄心思曠遠，
不樂居耳。是宅北至鸚鵡橋不過百步，鸚鵡橋至杏花樓
不過三十步，其左右頗多隙地。幼時飲酒其旁，見一片
荒城，半堤衰柳，斷橋流水，破屋叢花，心竊樂之。若
得制錢五十千，便可買地一大段，他日結茅有在矣。吾
意欲築一土牆院子，門內多栽竹樹草花，用碎磚鋪曲徑

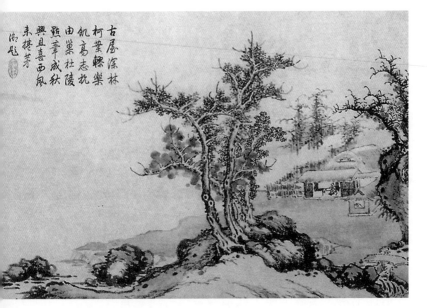

圖 8-11　疏林茅屋

一條，以達二門。其內茅屋二間，一間坐客，一間作
房，儲圖書史籍、筆墨硯瓦、酒甕茶具其中，為良朋好
友後生小子論文賦詩之所。其後住家主屋三間，廚房二
間，奴子屋一間，共八間，俱用草苫，如此足矣。清晨
日尚未出，望東海一片紅霞。薄暮斜陽滿樹，立院中高
處，便見煙水平橋。家中宴客，牆外人亦望見燈火。南
至汝家百三十步，東至小園僅一水，實為恆便。或曰：
‘此等宅居甚適，只是怕盜賊。’ 不知盜賊亦窮民耳，
開門延入，商量分惠，有什麼便拿什麼去；若一無所
有，便王獻之青氈亦可攜取，質百錢救急也。吾弟留心
此地，為狂兄娛老之資，不知可能遂願否？”（《范縣署

中寄舍弟墨第二書》)林語堂稱此段文字"可以說是中國文學的典型情緒","內容天真可愛,堪列於世界偉大作品之林"(《吾國與吾民》)。

文人宅第之中,各種家居擺設均有講究,如書房,床、几、桌、椅、屏帷、筆硯、琴、書等,均是必備之物。明清時期,工商經濟發達,成功的商人開始模仿文人的生活方式和行為習慣,他們建造文人特色的宅院、花園和書齋,購置文人風格的家具和用品。與此同時,文人則避開追求器物的華麗與奢侈,更加注重物件的雅致與情趣,以此與其他階層進行區隔,通過對雅俗標準的強化,來凸顯自己的文化身份。(巫仁恕《品味奢華:晚明的消費社會與士大夫》)文震亨的《長物志》簡直就是一本文人趣味生活和雅致器物的指南。英國收藏家馬科斯·弗拉克斯(Marcus Flacks)長年收集中國文人書房木作小件,在其著作《士林典藏:稀見木作小文房》中,他非常強調書房這一空間對於文人的特殊意義。而書房中的小物件,更是寄託了文人的文化精神:"那些樸實的佚名匠人製作的精彩文房小件,置於書房之中,抵消了世間的浮華之風。它們置於畫案書桌,是保衛文人們文化和審美的最後堡壘,而此種文人之'道',正是中國文化與藝術的立足基石。"(陳陽、楊曉海譯文)物質之中自有精神在焉。

虛亭林木裏　傍水著欄干
試展圓蒲坐　葉聲生早寒
唐寅畫

圖8-12　草屋蒲團

簫管迎龍水廟前：
廟會與集市

廟會與地理空間

在古代社會中，廟會是一個非常重要的空間。廟會的起源是宗教性的，但逐漸增加了世俗功能，比如消遣娛樂、經濟活動、社會交際等。廟會常常輻射一個地理區域，這個區域有時和行政區（如某縣、鎮、村等）相重合，有時卻會跨越不同的村莊和鄉鎮。就文化聯繫和經濟聯繫來說，以廟會為中心形成的地理空間內在聯繫的緊密性，要遠遠高於單純的行政區域，由此廟會在民間社會中具有獨特的空間紐帶作用。正如民國時期的《新河縣志》所言："各村廟宇多有年會。屆期商販咸集，遊人如織，豐收之年，輒演劇助盛。廟會者，實農村一大交易場及娛樂場也。醫卜星相之流，及說書、幻術、技擊、西洋鏡、大興棚等雜技，亦搭棚獻藝。善男信女，執樂送經進駕

（紙糊之宅第），或祝福、或求子、或求壽、或還願。又
有大開賭場者。”廟會實在就是農村娛樂的大集合。

宗教功能

廟會，顧名思義首先要有廟，而廟總是因宗教功能
而設立的。古代社會中“村各有廟，戶各有神”（民國
《冀城縣志》）。全國到底有多少寺廟？康熙六年，禮部
根據各地巡撫彙報的資料，統計出全國佛寺道觀近八萬
處，但據現代學者的考證，數量遠不止此。廟本是朝拜
祖靈的場所，原來只是指祖廟，後來開始為神立廟：“為
神立廟者，始三代以後。”（段玉裁《說文解字註》）廟會
最盛的地方往往因廟中所奉之神最受民眾崇拜，如城隍
廟、土地廟、關帝廟、娘娘廟、藥王廟、龍王廟等。唐
代李約《觀祈雨》曰：“桑條無葉土生煙，簫管迎龍水
廟前。”寫的就是在龍王廟前歌舞祈雨的情景。
　　在廟會中，一般都有祭祀活動和娛神表演。祭祀
以廟宇供奉的神靈為主要對象，娛神表演包括社火、賽
會、唱戲等。尤其是賽會，抬出神像出巡，出巡的路線
一般會涵蓋周邊區域主要的繁華街道，出行陣容盛大，
雜有儀仗和雜戲，善男信女跟隨其後，浩浩蕩蕩，成為
廟會最高潮的部分。清代學者龔煒如此描述江南廟會中

的賽會奇觀:"每當報賽之期,必極巡遊之盛。整齊執事,對對成行;裝束官弁,翩翩連騎。金鼓管弦之迭奏,響遏行雲;旌旂幢蓋之飛揚,輝生皎日。執戈揚盾,還存大儺之風;走狗臂鷹,或寓田獵之意。集金珠以飾閣,結綺彩而為亭。執香者拜稽於途,帶杻者匍匐於道。雖或因俗而各異,莫不窮侈而極觀。"(《巢林筆談》卷二)這應當是農村中最為盛大的活動了。

圖 8-13　壁畫祈雨

娛樂功能

　　廟會的宗教功能，在漫長的演化過程中逐漸被弱化，而娛樂性功能逐漸增強，在娛神的功能之上，又增加了娛人的功能。人們在繁忙勞累的日常勞作之後，節假日通過廟會上的娛樂項目，得到放鬆與休息。趙世瑜在《狂歡與日常：明清以來的廟會與民間社會》中，借用巴赫金的狂歡理論來分析中國的廟會。在廟會的活動中，現實中的秩序暫時鬆弛，各種活動表現出粗放的、縱慾的、人性的特點，男女之大防有時也被臨時打破。對於這些違反常規的行為，官方也以暫時性的寬容來對待，允許這些行為在一定限度之內發生。狂歡的現象是世界各個文化和民族中都有的，這也是一種社會的自我調節機制，"民俗終歲勤苦，間以廟會為樂"（清雍正《深澤縣志》卷五），通過暫時性的鬆弛來疏解人的情緒和精神。

　　廟會中的戲劇是最受民間歡迎的娛樂項目。在廟會中，戲台往往對着廟宇正殿，從位置來說也能說明演戲的重要性。演戲的時間從一天到十多天不等，內容也是民眾所喜聞樂見的。一般來說，有廟會就要演戲。在有些地方，就算是寺廟被毀壞，唱戲的傳統還會一直延續。如胡樸安《中華全國風俗志》提到，洛陽城內及周邊的廟宇不下數十處，每到春夏季，各演戲三天，後來"雖廟屋塌，塑像已毀，而修理不難，戲必欲演也"。

商業功能

廟會還有一個重要的功能就是進行經濟貿易活動。由於城市中固定的店舖較多，所以農村比城市更依賴於廟會的貿易功能。在農村，商業一般不太發達，如有些地方"境內無多商賈，平居一箕帚之微，無從購置"（清光緒《文水縣志》卷三）。在農村，購置基本的生活必需品，或交換自家的農產品等交易行為，主要是通過集市和廟會來進行的。農村都有一些定期的集市，而廟會則往往是一次綜合性的大型集市。在組織廟會時，組織者也會"招集商賈，販鬻貨物"（民國《襄陵縣志》卷四）。招徠商販是廟會前期準備的重要內容，尤其是對於偏遠地區來說。

廟會上出現的商販，也並非全是職業商人，有不少是利用農閒時間做點小生意貼補家用的農民。這些臨時的商人或在路邊擺攤，或沿街叫賣，商品多為自家所產的食品、農產品、紡織品、工藝品、雜貨等。鄉間的集市和廟會，因為有了這些小販、攤商而變得繁榮和熱鬧。流動商販提供的商品種類繁多，《武林舊

圖 8-14　清代的集市

事》中提到的就有一百七十八種，這類商品都是大眾
生活所必需的，或者是對大眾尤其是兒童具有很強誘
惑力的，又或者是在一般的店舖不容易買得到的，總
之是極具商業吸引力的。

　　流動性的職業商人遊走於各地，參加各種集市和廟
會，這些人被稱為"客商"，而當地有固定經營場所的商
人則稱為"坐商"或"坐賈"。黃仁宇在《從〈三言〉看
晚明商人》一文中談到"坐商多由客商起家"。大概的情
況是，在沒有太多資本積累的情況下，這些商人轉輾各地
從事客商，雖然辛苦，但經營成本較低，多能有些盈利，
等積累了一些財富之後，就會租買店舖，固定下來，過上

圖 8-15　宋代的貨郎

安定的日子。也有些坐商兼做客商，除了店舖經營之外，也會在周邊區域流動，尤其是參加定期的集市和廟會。

廟會就是農村最大的交易市場和娛樂場所。廟會中的交易物品以實用性日用品為主，也包括不太實用的消費品，和一些平日不易見到的奢侈品。有些廟會根據農民的實用性需要，分化出很多專門的主題，如農器會、牲畜大集等，這些都是農村最基本的需求。廟會交易的熱鬧場面，可以從《燕京歲時記》中看出一端："開廟之日，百貨雲集，凡珠玉、綾羅、衣服、飲食、古玩、字畫、花鳥、蟲魚以及尋常日用之物，星卜、雜技之流，無所不有，乃都城內之一大市會也。"在廟會上，"一日能消百萬錢"。寺廟周圍的"香市"，也十分紅火。張岱記述的西湖香市，場面驚人："殿中邊甬道上下，池左右，山門內外，有屋則攤，無屋則廠，廠外又棚，棚外又攤，節節寸寸。"攤販幾乎無孔不入，而香市中的人數也非常之多："數百十萬男男女女老老少少，日簇擁於寺之前後左右者，凡四閱月方罷，恐大江以東，斷無此二地矣。"（《陶庵夢憶》卷七）

交際功能

河北的《張北縣志》中對於廟會的諸種功能曾有一

段非常有名的總結，其中有兩點如下：其一，"各鄉農民該外、外該債務，結賬還債，遠隔一方，殊形不易，大多數規定會期，彼此接頭，清結一切，無異他處標期"。其二，"母女、姊妹出嫁後，晤面談心，實屬匪易，況系農家，終年勞碌，省親看女，探親訪友，既無暇晷，亦無機會，藉此會期，不約而同，均可會面，各敘衷曲"。農民終年都要勞作，農閒時節一般還要做些副業，除了大型節日如春節，以及婚喪嫁娶之外，很難有專門的時間走親訪友，所以廟會是一個很好的機會，讓距離稍遠的親友，尤其是遠嫁的女兒，有機會和親人見上短短的一面，略微紓解一下思念之情。

北陌東阡看戲場：
看戲與戲台

　　看戲是民間社會中最重要也是最受歡迎的娛樂活動。根據美國農業經濟學家卜凱在 20 世紀 20 年代對河北鹽山縣的調查報告，在各種娛樂項目中，看戲的參與率是 93.3%，賭博參與率為 58%，露天遊玩參與率為 28.7%，群體集會為 8.7%，飲酒為 30%。（《河北鹽山縣一百五十農家之經濟及社會調查》）可見看戲在農村的參與度是極高的。來華傳教士麥高溫（John Macgowan）在其著作《中國人生活的明與暗》中就敏銳地觀察到，"無論其他什麼樣的娛樂方式，沒有一種能像戲曲那樣，在閒暇時給人們帶來如此大的歡娛"。

戲曲的起源與功能

　　戲曲由來已久，最早多與巫術、祭祀、宗教活動有關。春祈秋報、迎神賽會、神誕祭祖等場合，酬神娛人，唱戲是不可少的活動，也是民間最熱鬧的娛樂項目。王國維在《宋元戲曲史》中就說戲曲歌舞起源於巫術：“歌舞之興，其始於古之巫乎？巫之興也，蓋在上古之世……巫之事神，必用歌舞。”巫師，就是“以舞降神”的人，通過歌舞，讓鬼神憑附，以實現巫術的目的。日本學者田仲一成在有關中國戲劇史的系列研究中，提出了“戲劇產生於祭祀”的觀點。他認為：“在祭祀活動時，降臨的神（神尸）和迎接的巫之間進行對舞、對唱，其中的歌唱、舞蹈、動作、神諭、祝詞等要素在未分化的情況下融合而成狂亂的附體動作。這些動作在神秘性消失進而轉化為人們欣賞對象的過程中，原本包括在其中的歌舞、動作、對白等要素為適於人們觀賞而分化獨立，並被提煉美化，作為神靈降臨故事的戲劇於是產生。同時，戲劇內容也可解釋為：由巫祈求神賜福的祈福禮儀產生出‘慶賀劇’，由巫降伏帶來災害的亡靈的禳災禮儀使得講述亡靈悲慘遭遇的‘悲劇’誕生。”（《中國戲劇史》，布和譯文）儘管後來戲曲有了許多世俗功能，卻一直保留有宗教、祭祀的功能。

演戲的形式有多種，有學者把江南民間社戲分為四類：年規戲、廟會戲、平安戲、償願戲。年規戲又分為時令戲劇、應節戲、例行戲等，廟會戲又分為神誕戲、開光戲等。(蔡豐明《江南民間社戲》)儘管戲曲一直沒有完全擺脫宗教祭祀的功能，但後來也逐漸世俗化，承擔了世俗娛樂的功能。"昔人演戲，只在神廟……凡人家有喜慶事，如生子、做壽、登科、出貢、入泮，往往搬演，則又不止酬神也。"(民國《同安縣志》)由此出現了喜慶戲、壽誕戲、婚慶戲、登科戲、升官戲等。演戲的場合非常多："士紳讌會，非音不樽。而郡邑城鄉、歲時祭賽，亦無不有劇。"(清·徐珂《清稗類鈔》)戲曲的內容多為城鄉民眾所喜歡的題材，多從歷史故事、民間傳說中選取素材，包括忠孝報國、因果報應、俠義恩仇、愛情仇怨等主題。看戲是古人生活中極為重要的娛樂活動，尤其是在農村。陸游《初夏》寫道："剪韭醃虀粟作漿，新炊麥飯滿村香。先生醉後騎黃犢，北陌東阡看戲場。"

臨時的戲台

宋代的勾欄是專業劇場，此外，還有許多固定和不固定的演戲場所。宮廷中的戲台、大戶人家的戲台、茶園酒樓中的戲台等都是固定的，而廟會中的戲台、遊船上的戲台等，算是臨時性的。

古代演戲十分普遍，許多戲台都是臨時搭設，架木為台，四周懸掛布幔，就可以開演了。清代顧祿的《清嘉錄》說：“二三月間，里豪市俠，搭台曠野，釀錢演劇，男婦聚觀，謂之‘春台戲’，以祈農祥。”許多戲台搭建在曠野或田間空地：“吳下風俗……如遇迎神賽會，搭台演戲……於田間空曠之地，高搭戲台，哄動遠近男婦，群聚往觀，舉國若狂，廢時失業，田疇菜麥，蹂躪無遺。”（清·湯斌《湯子遺書》卷九）因為看戲人多，還經常出現事故：“前擠後擁，台傾傷折手足。”（清·陸文衡《嗇庵隨筆》卷四）所以戲台周圍還經常設置看棚和女台。

圖 8-16　清代戲台與觀戲

在臨時性的戲台看戲，普通人席地而坐，富貴之人則可以搭設看棚。《隋書·音樂志》載："（正月）十五日，於端門外，建國門內，綿亙八里，列為戲場。百官起棚夾路，從昏達旦，以縱觀之。"可以看出觀戲場面之大。所謂"起棚夾路"的棚，就是臨時設置的看棚，官員和富貴人家可以在裏面看戲和休息。《隋書·裴矩傳》說："百官及民士女，列坐棚閣而縱觀焉。"這種看棚有類於後來的包廂，只是條件差了一些。

看棚也是身份的象徵，不是一般人可以隨便進入的。《太平廣記》中轉述了一個故事：有個讀書人叫趙琮，其岳父為鍾陵大將，趙琮一直未能考中，妻族親屬及其岳父母都瞧不起他。一次看戲，大家都坐在看棚之中，但趙琮的妻子和孩子因為衣着敝陋，親族們用一個帷簾把他們隔開。看戲正酣，有人來報喜訊，趙琮高中，於是親屬們馬上把帷障撤去，熱情地拉趙妻與他們同席，還"競以簪服而慶遺焉"。

女台是專為女性觀眾設置的，張岱《陶庵夢憶》說："余蘊叔演武場搭一大台，選徽州旌陽戲子，剽輕精悍，能相撲跌打者三四十人，搬演目蓮，凡三日三夜。四圍女台百什座。"女台也是一種看棚，專為女性準備，提供比較好的觀看環境，也防止地痞流氓的騷擾。

臨時的戲台並非都是簡陋的，其中也有一些場面闊大，極為奢侈。如趙翼《簷曝雜記》提到乾隆十六年（1751）為皇太后壽辰所辦慶典在京城搭設的戲台："自西華門至西直門外之高梁橋，十餘里中，各有分地，張設燈彩，結撰樓閣。天街本廣闊，兩旁遂不見市廛。錦繡山河，金銀宮闕，剪彩為花，鋪錦為屋，九華之燈，七寶之座，丹碧相映，不可名狀。每數十步間一戲台，南腔北調，備四方之樂，侲童妙伎，歌扇舞衫，後部未歇，前部已迎，左顧方驚，右盼復眩，遊者如入蓬萊仙島，在瓊樓玉宇中，聽霓裳曲，觀羽衣舞也……此等勝會，千百年不可一遇。"實在是奢侈誇張得驚人。

圖 8-17　清代官員圍坐戲台看戲

固定的戲台

　　宋元時期城市中的商業性休閒娛樂場所叫瓦舍（或瓦肆、瓦市、瓦子等），裏面專門的演出場所叫勾欄（或構肆、鈎欄、勾闌等）。《東京夢華錄》中提到的瓦舍很多，有名的如桑家瓦子、中瓦、裏瓦、朱家橋瓦、新門瓦、州西梁門外瓦、保康門瓦、州北瓦、宋門外瓦子等，其中桑家瓦、中瓦和裏瓦中就有勾欄五十餘座。勾欄有大有小，最大者竟能容納數千人。由於地點固定，各勾欄的演出內容豐富，各具特色，因此能吸引觀眾。

　　古代還流行在茶園酒館中設置戲台，在觀看演出的過程中，可以品茗飲酒、吃飯聊天，休閒內容更加豐富。宋人吳自牧在《夢粱錄》中說南宋臨安“大凡茶樓，多有富室子弟、諸司下直等人會聚，習學樂器，上教曲賺之類，謂之掛牌兒”。後來在茶園裏看戲成了常態，清人楊懋建說：“今戲園俱有茶點，無酒饌，故曰茶樓。”（《夢華瑣簿》）也就是說，茶樓就是提供茶點的戲園。近代以來，隨着西方話劇和舞台技術的傳入，中國傳統的戲台和劇場也發生了革命性的變化。劇場的功能變得純粹，舞台也變作新式舞台，使用聲、光、電等新技術，表演和觀看的效果也都煥然一新。

圖 8-18　木偶戲

附 錄

現代：西潮、都市與摩登

傳統的生活方式在晚清以後發生了極大的變化。鴉片戰爭之後，以上海為代表的幾座城市開埠通商，外來文化及生活方式隨之大量進入中國。上海在晚清民國時期，迅速成為國際化的大都市，在其中混雜着傳統與現代、東方與西方的各類休閒方式與生活方式。現代生活方式最主要的展示空間就是現代都市。都市生活節奏加快，壓力增大，但因為商業的發達與技術的進步，以及現代生活觀念的轉變，都市中的娛樂生活也空前多樣起來。

申江自是繁華地：
現代都市與日常生活

現代都市的形成

　　中國近現代的休閒生活有了巨大的變化，隨着中西文化的交流，西方文明及生活方式被大量引入中國，尤其是西方現代的城市文明，更是對中國人的生活觀念產生了巨大的衝擊。鴉片戰爭之後，沿海許多城市被迫開放通商，此後通商城市逐漸增多，到 1894 年，已經達到二十六個。以上海為代表的現代城市很快變得非常繁華："申江自是繁華地，歲歲更張歲歲新。解取及時行樂意，千金一刻莫因循。"（袁祖志《滬上竹枝詞續》）這些城市開發速度驚人，原來的荒郊很快就成為繁華之地："四圍馬路各爭開，英法花旗雜處來。悵觸當年叢塚地，一時都變作樓台。"（葛其龍《洋涇竹枝詞》）這些城市在中西、古今文化觀念與生活觀念的交混之中，形成了許多新的面貌。通過這些城市的輻射，西方文明與生活方式也對周邊的區域產生了一定影響。

城市之中的高樓大廈，雄壯巍峨，令觀者驚歎：「洋樓金碧耀生光，鐵作欄干石作牆。幸得玻璃窗四面，宵來依舊月如霜。」「百尺高樓四面離，中開窗隙置玻璃。洋樓更比蜃樓好，誰讀坡仙海市詩。」（清‧佚名《春申浦竹枝詞》）上海之外的一些城市也非常繁華，如當時的漢口：「大廈高樓聳入雲表，殆與稱為東洋第一商埠上海之情形無少異同。」（徐煥斗、王夔清《漢口小志》）現代都市，馬路開闊，高樓林立，霓虹燈閃耀，俊男靚女盛裝異服，走在城市街道之中，處處都是景觀，逛街本身就是一種休閒方式。

城市景觀

沿海通商城市的一切都給人以完全不同於往昔的視覺感受。近代著名文人王韜初到上海，頗感驚異與新奇：「一入黃歇浦中，氣象頓異。從舟中遙望之，煙水蒼茫，帆檣歷亂，浦濱一帶，率皆西人舍宇，樓閣崢嶸，縹緲雲外，飛甍畫棟，碧檻珠簾。此中有人，呼之欲出，然幾如海外三神山，可望而不可即也。」（清‧王韜《漫遊隨錄》卷一）高樓林立對中國人的視覺衝擊很大。中國傳統建築追求的是平面上的延伸，而西方的建築則多在縱向上拔高，中西建築的這種不同，有其文化、建築材料以及宗教的原因。在現代城市中，人口繁多，為了解決生存空間的問題，只能縱向發展，所以高樓就變得多了起來。

城市與消費主義

城市的興起，商業的繁榮，更是激起了消費主義的熱潮，竟至於有些人誇富逞豪。《申報》中曾有一篇文章把社會中種種競奢之風歸為“七恥”：一恥衣服不華美，二恥不乘肩輿，三恥狎么二妓，四恥餚饌不貴，五恥坐隻輪小車，六恥無頂戴，七恥觀戲就末座。（《申報》1873 年 4 月 7 日）城市之中蔓延着奢華的氣息，娛樂休閒生活空前豐富，遍佈城市的酒館、飯店、戲院、茶樓、電影院、西餐廳、咖啡館、跑馬場、旅館、商場、舞廳等娛樂場所，處處充斥着迷人的氣息，讓人流連忘返。正如《申報》所言：“滬地繁華甲於天下，仕宦商賈以及土著僑寓之輩，莫不習於奢靡。”（《申報》1880 年 2 月 8 日）在各個娛樂空間中，人們盡情享樂，一派繁華景象：“只一戲館，而一日一夜費至數千金。推之馬車、東洋車、小車、煙館、酒館、妓館、書館，無益之資，誠不可以數計。據云,就租界一隅而論,日需瓜子四十石,蠟燭五六百斤,地火燈、洋油燈不在其內⋯⋯習俗豪奢,至於此極。"(清·黃式權《淞南夢影錄》卷二)

商場與休閒

商場是現代城市的象徵。雖然古代也有繁榮的商業、林立的店舖、琳琅滿目的商品,但現代的商場和休閒購物,卻使人有着和古代購物完全不同的體驗。與傳統店舖不同,現代百貨商場是一個綜合性的公共空間,包括商業、娛樂、休閒、交際等多種功能。上海的商場內開設有旅館、餐廳、遊戲場、舞廳、理髮廳、電影院、咖啡館等,這些都是現代城市生活的重要組成部分。

晚清開埠以後,上海商場林立,被稱為"百貨公司之都"。商場洋房高聳,商品新奇,無物不備,人流如織,秩序井然,給人以現代、繁華的感覺。上海的商場以"前四大公司"和"後四大公司"為代表。"前四大公司"主要由英商開辦,包括福利公司(Hall & Holtz,在滬創辦的時間為 1843 年)、泰興公司(Land Crawford, 1862)、匯司公司(Weeks, 1877)和惠羅公司(Whiteaway Laidlaw, 1904),主要集中在南京路東端;

"後四大公司"主要是由華僑創辦的企業，包括先施、永安、新新、大新，主要集中於南京路西端。

商場除了是購物的場所，也是重要的城市景觀。古代的商店不提倡華麗的裝飾和精美的擺設："凡店房，門窗常要關鎖，不得出入無忌，鋪設不可華麗，誠恐動人眼目，此為謹慎小心。"（《新刻士商要覽》）但現代的城市和商場，則競相裝飾，以悅人眼目。1920 年 9 月 17 日的《申報》曾刊登了一篇普羅公司裝潢門面的報道，其中說普羅公司"其美麗為上海所僅見。窗飾之外，並有走廊，陰天及熱天時，顧客觀覽窗飾，得以非常便適，即往來行人，亦覺利便。其走廊之外，尚有鐵門，故夜間盡可點燈，窗飾任人觀

附圖-1　大新公司　　　　　附圖-2　永安公司

附圖-3　新新公司　　　附圖-4　先施公司

附圖-5　先施公司的屋頂花園

覽，毫無顧慮。窗飾上部，均用精美之木料製成，其
下則用花磚石，堅滑清潔，質料甚佳"。這種優美環
境的營造，也是商業營銷的手段之一，通過刺激視覺
來激發人的消費衝動。

公園與公共空間

　　古代園林雖多屬私家或官家，屬於封閉性的空間，但很多園林會在一些特殊的節假日向大眾開放，成為公共空間。在這一點上，古代園林與現代公園有一定的相似性。如北宋開封的皇家園林"金明池"、"瓊林苑"，每年在三月初一至四月初八會對大眾開放。南宋杭州也有不少皇家御園經常對大眾開放，也允許商販在其中做生意："時承平日久，樂與民同，凡遊觀買賣，皆無所禁。"（宋・周密《武林舊事》卷三）但相比而言，現代的公園才是真正的公共空間。

　　1868 年，上海外灘建成"公家花園"，這是中國第一座公共花園。公園由租界當局建設，但不許華人入內。後來靜安寺建成公園，普通大眾才得以遊觀。人們群趨而至："靜安寺在城西北十餘里⋯⋯數百年來古也。寺旁多隙地，西人賃以雜蒔花木，曲者直之，弱者扶之，慘淡經營，不遺餘力。"與商場、馬路等公共場所相比，公園的環境更為優雅、閒適，是一個純粹用於休閒的空間，所以也更受市民大眾的喜愛。尤其是在夏日，公園成了消夏避暑的好去處："入夏以來，遊人尤眾。一至陽烏西匿，寶月東升，團扇輕衫，結隊而至。或攜仙眷，或挾雛姬，絡繹道路。"（藜床臥讀生《上海

　　此後，上海還出現了申園、愚園、張園等公園，更多的人可以進入公園。圍繞公園的空間建造了很多商業性的娛樂場所，公園內風景如畫，周邊有茶樓飯館等配套設施，以滿足人們的多元需求：“靜安寺左近之愚園焉，張園焉，可以看花，可以飲酒，並可以打彈以消遣，茗話以談心，故有錢者，不惜所費。”（《申報》1896 年 7 月 16 日）

　　公園不只是一個公共娛樂空間，也代表着一個國家和社會的文化水準，就像時人所說：“所謂一國文化的表徵，可以由公園來窺見的……因為公園的積極設施，社會的教養，都概行提高。加之，更有了都市生產上能率的增進，都市全體，因能夠有疲勞與困憊的滅亡上效果。”（《大公報》1929 年 2 月 1 日）

西洋物品

　　西洋物品在明末已通過來華傳教士傳入中國。鴉片戰爭之後，中外通商，外來物品開始大規模輸入。西洋物品新穎獨特、質優價廉，讓中國人稱羨不已，許多物品很快進入到普通人的日常生活之中。鄭觀應在《盛世危言》中列舉了日常生活中所見的西洋物品，計有五十多種：

食物類：洋藥水、藥丸、藥粉、洋煙絲、呂宋煙、夏灣拿煙、俄國美國紙捲煙、鼻煙、洋酒、火腿、洋肉脯、洋餅餌、洋糖、洋鹽、洋果乾、洋水果、咖啡等；

用物類：洋布、洋綢、洋緞、洋呢、洋羽毛、洋漳絨、洋羽紗、洋被、洋毯、洋氈、洋手巾、洋花邊、洋鈕扣、洋針、洋線、洋傘、洋燈、洋紙、洋釘、洋畫、洋筆、洋墨水、洋顏料、洋皮箱篋、洋磁、洋牙刷、洋牙粉、洋胰、洋火、洋油等；

玩好類：照相玻璃、大小鏡片、鉛銅鐵錫煤斤、馬口鐵、洋木器、洋鐘表、日晷、寒暑表等。

這些雖不是當時輸入中國的西洋物品的全部，但從中可以看出外來物品與中國人的日常生活之間形成了高度關聯。"通商以後，外洋貨物鱗萃於斯，光怪陸離，奇技淫巧，非不賞心悅目，居民爭購用之。"（李維清《上海鄉土志》）外來物品較之傳統物品，在設計、材質、美觀、功能等方面，都有很大不同，加上外來之物往往會帶來新奇感，一些貴重物品也是身份的象徵，而且西洋物品不斷更新換代，所以使用最新西洋產品也成了時人競相追逐的時尚潮流。在近代中國，從上到下都流行洋貨。這些洋貨最初在大城市中流行，後來逐漸影響到內地和鄉村。晚清有人談到洋貨流行的情況："道光季年，

中外通商而後，凡西人之以貨物運至中國者，陸離光
怪，幾於莫可名言。華人爭先購歸，以供日用。初只行
於通商各口岸，久之而各省內地亦皆爭相愛慕，無不以
改用洋貨為奢豪。"（《中國宜造洋貨議》，《申報》1892 年
1 月 18 日）

竿燈千盞路西東：
城市中的照明

照明技術

　　現代城市最明顯的一個特徵，就是有了現代照明技術，比如讓夜上海成了"不夜城"，由此也對人們的作息時間和生活方式產生了影響。夜色中，霓虹燈迷離閃爍，這常是影視中都市最經典的表現場景。城市照明最初使用煤氣燈，將城市點綴得極為炫目，就像一位 1879 年來上海的遊客在日記中寫的："晚則煤氣火燈千百萬盞，如列星。"（清·王錫麒《北行日記》）霓虹燈最早於 1910 年在巴黎出現，中國則是在 1926 年開始使用霓虹燈。當時在南京路上出現了皇冠牌打字機的霓虹燈廣告，後來霓虹燈被廣泛應用到商業廣告、店舖招牌，構成了城市最炫目的風景。就像民國時期一篇關於南京路的報道所寫的那樣，城市中的商場在夜間"甚至還在同

附圖-6　上海的煤氣路燈

太陽爭勝，那樣地從屋子的每一角都在放着強大的光線，彷彿在說就是太陽從此以後不再來臨，也可從它們照明大地似的"（《大晚報》1935 年 3 月 20 日）。關於上海的竹枝詞中，以路燈為主題的很多："竿燈千盞路西東，火自能來奪化工。不必焚膏誇繼晷，夜行常在月明中。"（袁祖志《滬上竹枝詞》）

煤油燈

傳統照明工具主要是油燈，所使用的是菜籽油或豆油，亮度有限。"人燃燈，注豆油或菜油於盞，引以草心，光熒熒如豆。"（《南匯縣續志》卷十八）晚清以後，西方的煤油傳入，大眾遂普遍使用煤油燈。煤油燈的亮度是傳統油燈的數倍，後來加上燈罩，燈光不易受到空氣流動的影響，且油煙也不會四散，更加安全、乾淨。《南匯縣續志》記載，在光緒初年，江南地區已經廣泛使用煤油燈："有火油燈（引者按：即煤油燈），明亮遠勝油燈，然煤灰飛揚，用者厭之。未幾，加以玻璃罩，光益盛而無煙，且十光五色，或懸於空中，或置於几上，或垂於壁間，使光反射，其色各各不同，而又各各合用。於是，上而搢紳之家，下至蓬戶甕牖，莫不樂用洋燈，而舊式之油盞燈淘汰盡矣。"

不要小看這一小小的照明工具的變化，它直接影響到了人們在夜間的工作、消閒和娛樂方式。隨着照明工具的變化，夜間的活動變得更加豐富，由此也改變了人們對於白晝、黑夜的態度。夜間活動的增多，反過來也讓煤油燈成了生活必需品。不論是城市還是農村，都是如此。蔣夢麟在《西潮》中就說："煤油燈可以把黑夜照得如同白晝，這與菜油燈的昏暗燈光比起來真有天淵之別……大家買火柴、時鐘是出於好奇，買煤油卻由於生活上的必要。"

路燈

現代城市最大的變化之一就是開始使用路燈。1865年，上海出現了煤氣路燈，一時"光明如晝"，後來南京路裝設了路燈，引得眾人前去觀看。煤氣燈較之煤油燈，亮度又大大增加，當時《申報》上的一則煤氣燈廣告說："蓋以此火光照耀明亮，更勝於火油燈，且又無遺燼畏風之虞，並可省揩抹油膩等事。計每燈燃一點鐘工夫，約須大錢十五文，合之尋常燈油費用固價廉而功倍也。"（《申報》1876 年 5 月 18 日）煤氣路燈的使用，完全改變了城市夜晚的景觀，讓白天的商業、娛樂活動在夜間也得以延續，夜晚生活變得豐富多彩。在人們的觀念中，白天是工作時間，夜晚則是休閒放鬆時間。有了新式照明條件，夜晚的城市完全變成了一個娛樂的世界，成為名副其實的不夜城："（煤氣燈）初設僅有路燈，繼即行棧舖面、茶酒戲館，以及住屋，無不用之。火樹銀花，光同白畫，滬上真不夜之天也。"（清．葛元煦《滬遊雜記》卷二）

附圖-7　外灘的煤氣燈（左）和外白渡橋的電燈（右）

電燈

19 世紀 80 年代之後，上海開始出現了電燈，其亮度和色彩，較之以前的煤氣燈有極大改觀，給人以更大的視覺衝擊。晚上上街看路燈，成為城市中的一種時尚："每夕士女如雲，恍遊月明中，無秉燭之勞，有觀燈之樂……行者，止者，坐於榻、倚於欄者，目笑而耳語者，口講而指畫者，洵可謂舉國若狂矣。"（《論電燈之用》，《申報》1882 年 11 月 7 日）

把電燈裝置得最為炫目的地方，除了上海的南京路就是北京的頤和園。1896 年，為供慈禧享樂，頤和園"共懸燈二千餘盞，每向晚生火上燭時，鼓動機器，發現光華，萬點晶瑩，愈於白晝"（《益聞錄》1896 年 10 月 3 日）。

歌樓舞館銷魂地：
舞廳與城市娛樂

　　隨着西方現代都市生活和娛樂方式的傳入，中國出現了全新的休閒娛樂方式。尤其在 1843 年開埠之後，上海迅速成為了"東方明珠"、"冒險家的樂園"，成了中國最洋化、最摩登的城市。各種西方新式娛樂方式蓬勃興起，電影院、美術館、咖啡館、西餐廳、跑馬場、遊藝場取代了以往的茶館、戲院，成為新興的娛樂場所。而舞廳是這些新式娛樂場所的代表。

　　1866 年，清政府派遣使西的官員斌椿在日記中就記載了對於西方交誼舞會的觀感，這大概是中國人有關西方舞會的最早記錄之一。他寫道："樂人於樓上奏樂，音節鏗鏘。男婦跳舞十餘次，武職衣紅，文職衣黑，皆飾以金繡。婦人衣紅綠雜色，袒肩臂及胸。珠寶鑽石，項下累累成串，五色璀璨，光彩耀目。"（《乘槎筆記》）基於"男女授受不親"的觀念，中國傳統的舞蹈並不像西方舞蹈那樣熱烈奔放，所以交誼舞的傳入，對中國人的觀念產生了很大的衝擊，同時也給都市中的青年男女以極大的吸引力。跳舞成了一時風潮："凡是年輕的男子和女子，非學會跳舞不能算是出風頭。"（獨鶴《中國人的跳舞》，《新聞報》1927 年 5 月 8 日）

舊上海有四大舞廳，分別是百樂門、仙樂、大都會和麗都。建於 1932 年的百樂門舞廳極盡奢侈豪華，被

附圖-8　"東方第一樂府"──百樂門舞廳

譽為"遠東第一樂府",是民國時期中國舞廳的代表。舞廳內主要跳的是來自西方的社交舞,如華爾茲、探戈舞、狐步舞、單步舞、雙步舞、拉丁舞,舞伴之間近身摟抱,舞蹈或優雅或奔放,對舞者是極好的身心放鬆方

附圖-9　仙樂舞廳

式,對觀者也是一種美的享受。就像周璇那首關於上海的最有名的歌曲《夜上海》所唱的那樣:"夜上海,夜上海,你是個不夜城。華燈起,車聲響,歌舞昇平。"

由於現代的照明技術,上海成了"不夜城"。海派小說作家劉吶鷗在其作品《遊戲》中,把霓虹燈下舞動的上海寫得香豔而迷人:

在這"探戈宮"裏的一切都在一種旋律的動搖中──男女的肢體,五彩的燈光,和光亮的酒杯,紅綠的液體以及纖細的指頭,石榴色的嘴唇,發焰的眼光。中央一片光滑的地板反映着四周的椅桌和人們的錯雜的光景,使人覺得,好像入了魔宮一樣,心神都在一種魔力的勢力下……空氣裏彌漫着酒精、汗汁和油脂的混合物,使人們都沉醉在高度的興奮中。

舞廳中的舞女最初以外國人為多，如俄國人、日本人、韓國人，後來中國舞女逐漸增多。這些舞女中，有些是良家婦女，以此作為職業；有些是娼門女子，轉入舞池；有些是電影明星，因舞女賺錢多而改行。舞女亦有多種等級，當紅舞女有的成為舞后、舞星，也有一般舞女和低級舞女。舞池之中，男女親密接觸，雖可能涉及情色交易，但一般的舞廳還是以跳舞為主。張愛玲在《談跳舞》中就說："現在的中國人很普遍地跳着社交舞了。有人認為不正當，也有人為它辯護，說是藝術，如果在裏面發現色情趣味，那是自己存心不良。"

舞廳中的舞曲和樂隊也很重要。上海的舞廳樂隊多由菲律賓人組成，到20世紀40年代末，上海活躍着十幾支菲人樂隊，如梯諾（Tino）、馬羅（Moro）、康尼（Cony）、洛平（Robin）、勃比諾（Binbeno）等。舞曲風格以爵士樂為主，亦有中國民歌、戲曲曲調等。很多在舞廳流行開來的舞曲被廣為傳唱，成為經典。如范煙橋作詞，陳歌辛作曲，周璇演唱的《夜上海》，就成為代表老上海情調的經典歌曲。另如黎錦光作詞曲的《夜來香》以及吳村作詞，陳歌辛作曲的《玫瑰玫瑰我愛你》。

舞廳成了都市奢靡生活的代表和象徵，同時也交匯着浮華與骯髒，光明與黑暗："滄海桑田事易更，最繁華處最心驚。歌樓舞館消魂地，鬼火當年夜夜明。"（袁祖志《滬上竹枝詞》）海派文學中，以舞廳為背景的作品很多，如施蟄存《薄霧的舞女》，穆時英《上海的狐步舞》、《夜》、《黑牡丹》、《夜總會裏的五個人》、《被當作消遣品的男子》，劉吶鷗《兩個時間的不感症者》，林徽因《一個謎的解答》。舞廳是了解近代上海文化和娛樂生活的一個窗口。1928 年 9 月 4 日《盛京時報》的一篇文章中，一個美國人這樣說："吾人若欲知道近年來中國變遷的狀況，只要到上海跳舞場內去考察就得了。因為此中考察所得，皆真確而實在，較讀幾十部著名的中國史為勝。"

但跳舞時兩性之間的親昵曖昧，沉溺於肉體狂歡，還是令很多人對此表示不滿："男女同舞，臉兒相偎，手兒相持，腿兒相挾，腳跟兒隨樂聲而旋轉，綠而暗的銀缸，滑而瑩的地板，好不銷魂。哪裏知道紅粉骷髏不過曇花一現，轉眼黃土青墳，何嘗得到真善美。"（《大公報》1927 年 6 月 4 日）有人因此把跳舞歸為"新五毒"之一（其他四"毒"為女子剪髮、白話文、戀愛、黨軍）。

海上風行請大餐：
西餐廳與咖啡館

西餐廳

　　近現代城市中，餐館的類型各式各樣，西式餐廳林立，傳統餐廳也多有改變，加上各種地方特色的美味，讓本來注重吃喝宴請的中國人有了更多的選擇。上海的餐廳甚多，許多大飯店奢靡之風盛行："滬上之吃花酒者，一席十二三番，鬧闊者日翻數台不止，則其費豈止萬錢……即尋常在酒館請客，一席之費，也得八九元，雖不至日日如是，而大本行家，與夫碩腹巨賈，竟有無日不上館子者。"（《申報》1880 年 2 月 8 日）

　　中國最早的西餐廳，顧客主要是在華的西方人，後來中國人也開始嘗試，並視之為時尚。早期西餐廳多被稱為"番菜館"，多開在洋人聚居處。後來在很多商業地段，以及人流密集的地方，也能看到西餐館。公園興起之後，遊公園的人很多，公園周邊形成了繁華的休閒娛樂空間，其中就開設有西餐廳，如上海的申園，“畫棟珠簾，朝飛暮捲。其樓閣之宏敞，陳設之精良，莫有過於此者……樓下設彈子台數張……兼備西國酒菜”（清·黃式權《淞南夢影錄》卷一）。上海早期著名的西餐館有老德記、理查飯店、一品香、海天春、萬年春、一家春、江南春、吉祥春等，雖取本土化的名字，但卻都是典型的西式餐館。

附圖-10　上海一品香西餐館（1917 年）

西餐的烹飪方式不同，口味與中餐也大不一樣，引得中國人爭相嘗試：「西人肴饌，俱就火上烤熟，牛羊雞鴨之類，非配辣即腥羶，蓋風尚不同，故嗜好亦異焉。近日所開一家春、一品香等番菜店，其裝飾之華麗，伺應之周到，幾欲駕蘇館、津館而上之。飲膳則有做茶、小食、大餐諸名色。裙屐少年，往往異味爭嘗，津津樂道。」（清·黃式權《淞南夢影錄》卷三）

西餐廳受歡迎的原因，除了中國人獵奇、嘗鮮的心理之外，環境乾淨整潔、安靜優雅，和傳統中餐館的熱鬧喧騰迥然不同，這也是吸引人的地方：「番菜館為外國人之大餐房，樓房器具都仿洋式，精緻潔淨，無過於斯。四馬路海天春、一家春、一品春、杏林春皆是也。人各一肴，看各一色，不相謀亦不相讓，或一二人，或十數人，分曹據席……向時華人鮮過問者，近則裙屐少年，巨腹大

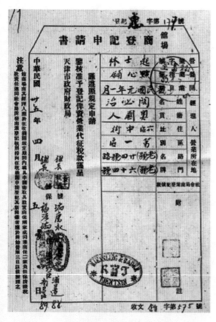

附圖-11　起士林西餐廳在社會局的登記證（1946 年，起士林是民國時期天津人吃西餐的首選）

賈，往往攜姬挈眷，異味爭嘗，亦沾染西俗之一端也。”
（池志澂《滬遊夢影》）西餐的分餐制乾淨衛生，減少了傳
染病傳播的機會；西餐注重營養搭配，有助於增強人的
體質。這些都對中國人的飲食觀念和飲食習慣產生了一
定的影響。

　　西餐有其獨特的程序和禮儀，這些對於中國人來說
十分新奇。朱文炳的《海上竹枝詞》就描述了中國人眼
中吃西餐的過程和感受，讀來有趣：

> 海上風行請大餐，每人須要一洋寬。
> 主人宴客殷勤甚，坐定先教點菜單。
> 主人獨自坐中間，諸客還須列兩班。
> 近者為尊卑者遠，《大清會典》全可刪。
> 大菜先來一味湯，中間餚饌辨難詳。
> 補丁代飯休嫌少，吃過咖啡即散場。
>
> （引者註：補丁，即布丁。）
>
> 縱飲休云力不勝，勸君且慢點香冰。
> 白蘭地本高粱味，紅酒何妨代紹興。
> 點菜還須各自書，今朝例菜問何如。
> 免教搜索枯腸遍，不過豬排炸板魚。
> 壽頭最怕請西餐，箸換刀叉頂不歡。
> 還可照人敷衍過，要他點菜更為難。

咖啡館

近現代城市中，雖然茶館依舊十分流行，但新式咖啡館已經開始出現，代表着一種新的生活方式和新式的公共空間。咖啡是人類重要的成癮性飲料，晚清時期來華的外國人把咖啡帶入了中國。《廣東通志》中記載，在廣州的外國人，飯後會引用一種"黑酒"："有黑酒，番鬼飯後飲之，云此酒可消食也。" 此 "黑酒" 大概就是咖啡。晚清出使西方的中國人，對咖啡也有很多記載。

近代中國的許多咖啡館，適應了現代的生活方式和審美趣味，不似中國傳統的飯館和茶樓那樣喧鬧。就像民國時期的一篇文章所談到的那樣，西式的餐館和咖啡館裏，"溫柔的燈光，雅潔的餐室……幽靜怡悅的音樂"，令生活在快節奏城市中的人 "把半天的辛勞，完全消除，把所有的煩惱，盡行溶解"（《漫談新都三部曲之一》，《新都週刊》1943 年 3 月 10 日）。這種新式的茶館和咖啡廳給人的感覺是："不像家那麼靜寂，又不像寫字間那麼呆板的一個去處；在那裏靜地憩息一會，呷杯咖啡，抽枝煙卷，或是跟朋友撩撩天，甚至找些娛樂，尋點刺激，調劑調劑精神，然後帶顆輕鬆而愉快的心回到家去。"（《漫談新都三部曲之二：君子茶座》，《新都週刊》

1943 年 3 月 17 日）

　　咖啡館在西方被看作是一個重要的公共空間，在這一公共空間中，人們可以自由地進行休閒、交際、娛樂等活動，個體在其中享受充分的自由。雖然中國傳統社會中也有茶館、戲園、餐館等公共性質的空間，但和西方式的現代性公共空間還是有所不同。所以咖啡館引入中國，同時也是引入了一種生活方式。咖啡館在社會中廣受歡迎，有人就這樣描述民國時期北京的咖啡館：

　　北平之咖啡館，近月來生氣勃勃，座上客常滿，杯中凌不空，早不似冬日之冷落。西單牌樓英林，東安市場國強，及葆榮齋，一至下午，皆應接不暇，戶限為穿。摩登男女之飲咖啡熱，可見一斑。英林以地近西單，各大學多近此，且特備幽密雅座，顧客以學生為多，便於兩性談心也。東安市場之國強，則以青年夫婦及已成功之愛人或外國兵光顧者為多，因其玻璃窗大，不便於新伴侶。葆榮齋則以女學生為多，座上女性數目常超過男性，是真習慣使然！此習慣何由而來？無從推測，大約女生特與葆榮齋有緣耳！（《北洋畫報》1933 年 4 月 6 日）

鬼工拍照妙入神：
電影、照相及視覺娛樂

聲、光、電等新技術的使用，給現代都市增加了斑斕的色彩，呈現出和古代城市完全不同的面貌，同時也給人不同於以往的視覺衝擊，許多關於城市的體驗，都會強調視覺的觀感。在近現代的諸多視覺文化中，電影、照相、幻燈、畫報等，都是十分有代表性的。在近現代城市中，傳統的娛樂場所依舊紅火，如茶館、書場、戲園、酒樓、妓院等，但也出現了一些新式的娛樂場所，其中最吸引人的當屬電影院。電影給人極大的視覺衝擊，是人們現代體驗中最重要的部分。

電影的產生與傳入

1895 年電影問世。1896 年 8 月 11 日，上海首次播放電影。剛開始影響範圍有限，但很快就風靡開來。電影畫面形象逼真生動，栩栩如生，讓人歎為觀止。就像近代一篇文章所說的那樣："電影這一樣玩藝兒，實在是歐美各文明國學問美術進化的一種大表記。不但能發顯出各種景致，比如天然的那山水樹木，人工的那樓台殿閣，並且能演出古今各種的歷史，直把那天下古今奇奇怪怪的事，都縮在眼前……美哉！樂哉！二十世紀的人，竟能享這個眼福，真是古人夢想不到的事呀！"（《照妖鏡》，《大公報》1909 年 8 月 2 日）

　　1905 年，中國人自導自演了第一部電影《定軍山》，這是中國電影誕生的標誌。1908 年，上海虹口大戲院建成，這是中國第一座電影院。電影最初被稱作影戲，大概當時中國人還是把電影看作是與傳統影戲一類的東西，但很快就發現這是效果完全不同的兩種體驗。後來人們逐漸用電光影戲、電光活動影戲等名

附圖-12　《定軍山》劇照（譚鑫培主演）

附圖-13　上海虹口大戲院

稱來稱呼電影，就是在突出強調電影的電光效果。1905
年之後，開始普遍使用“電影”一詞。

　　在專業電影院出現之前，電影多在茶館、戲園、餐
館等場所放映。虹口大戲院建成之後，全國諸多城市陸
續出現了一批電影院，如天津的權仙電戲園（1906）及
明星、光明社、新新等影院，又如武漢的後花樓影戲院
（1907）、光明大戲院、上海大戲院、中央大戲院等。影
院最多的城市還是上海。有一份統計報告顯示，1927年
全國共有影院一百零六家，上海就有二十六家，著名的
如奧登電影院、大光明電影院。

上海的電影院不但數量多，而且條件好，給人們的觀影創造了極佳的環境，就如白先勇在《上海童年》中回憶的那樣：「當年上海的電影院也是全國第一流的。『大光明』的紅絨地毯有兩寸厚，一直蜿蜒鋪到樓上，走在上面軟綿綿，一點聲音都沒有。當時上海的首輪戲院『美琪』、『國泰』、『卡爾登』專門放映好萊塢的西片，《亂世佳人》在『大光明』上演，靜安寺路擠得車子都走不通，上海人的洋派頭大概都是從好萊塢的電影裏學來的。」

電影與新感覺的形成

電影逐漸進入人們的生活世界之中，以全新的視覺方式，為中國人開啟了一個迥異於以往的視覺世界，其視覺衝擊力是其他媒介所不及的。可以說，電影這樣的現代視覺媒介讓人們的感官和觀看世界的方式都發生了改變。人們不但驚異於電影形式本身的神奇，也驚異於電影內容的多樣，讓足不出戶的普通人也能了解世界的豐富面貌，眼界大開。近代有人在總結電影的好處時就說：「第一是開眼界，可以當作遊歷，看看歐美各國的風土人情，即如那名山勝水、出奇的工程、著名的古蹟、冷帶熱帶、各種景致、各種情形，至於那開礦的、耕田的、作工的、賣藝的、賽馬的、鬥力的，種種事情，真如同身歷其境，親眼得見一樣。"（《看電影大有益處》，《大公報》1909 年 2 月 5 日）

幻燈

近代以來外國人帶來的洋玩意兒中，有一種非常吸引人的東西，就是幻燈，當時又稱為影戲。用燈箱投射圖片於幕布之上，畫面色彩鮮麗、內容豐富，如世界各地風光、各國人物、鳥獸蟲魚等，讓觀者驚歎不已。葛元煦在《滬遊雜記》中就詳細記錄了觀看西洋影戲的場景："西人影戲，台前張白布大幔一，以水濕之。中藏燈匣，匣面置洋畫，更番疊換，光射布上，則山水、樹木、樓閣、人物、鳥獸、蟲魚，光怪陸離，諸狀畢現。其最動目者為洋房被火、帆船遇風……他如泰西各國爭戰事及諸名勝，均有圖畫，恍疑身歷其境，頗有可觀。"

照相

1837 年，法國人達蓋爾（Louis-Jacques-Mandé Daguerre）發明了銀版攝影術。1839 年 8 月 19 日，這

一技術向社會公佈，這一天也被視為攝影術誕生的日子。攝影術發明之後不久就傳入中國，尤其是鴉片戰爭之後，沿海多個城市開始通商，大量外國人進入中國，帶來了攝影設備和技術，並拍攝了許多照片。攝影術誕生之後，因其技術不為人所理解，人們常以妖術視之，認為照相能攝魂，並對攝影加以排斥。法國文學家巴爾扎克（Honré de Balzac）就很怕照相。至今在一些民族中，還保留着對照相的排拒態度。中國近現代社會中也流行着攝影能攝魂的觀念，魯迅《論照相之類》就曾說："照相似乎是妖術。咸豐年間，或一省裏，還有因為能照相而家產被鄉下人搗毀的事情。""S 城人卻似乎不甚愛照相，因為精神要被照去的，所以運氣正好的時候，尤不宜照。"

但隨着人們對照相原理的了解，攝影術也逐漸"祛魅"，慢慢被大眾所接受。在香港、廣州、上海等地，開設了許多照相館。早期最受歡迎的是肖像照，古人有畫像留影的習慣，但畫像價格不菲，普通人家是難以承受這種高昂費用的。照相的價格便宜，且形象真實，所以廣受大眾歡迎。"鬼工拍照妙如神，玉貌傳來竟逼真。技巧不須憑彩筆，霎時現出鏡中人。"（清・洛如花館主人《春申浦竹枝詞》）拍照逐漸成為普通人的時尚追求。

後　記

　　寫作此書最初是應承中華書局上海公司原總經理余佐贊先生的提議。我對這個主題雖頗有興趣，但卻沒有多少寫作的勇氣和信心。在余先生的堅持和鼓勵之下，我最後決定冒險一試。之所以下此決心，除了余先生的誠意和我當時或多或少的衝動以外，更重要的是日常生活這一主題擊中了我雜駁的興趣。研習美學、文藝理論十數年，常會陷入一些枯燥的理論分析和瑣碎的歷史考證之中，儘管多數時間我也樂在其中。作為消遣，我平日喜歡亂翻一些新文化史和生活史方面的書，這些書常會讓我感受到理論和考證之中較少具有的鮮活的歷史細節、溫潤的生活激情及雅致的人生趣味。

　　但我還是多少低估了寫作的難度，寫作初期的興奮，很快就遭遇了諸多困難。日常生活所涉及的領域幾乎無所不包，有關資料浩如煙海，成熟的研究著述也所在多有，每一個小的切入點都能引申出一個專題研究來。一番斟酌之後，我嘗試着對古人的日常進行分類，在每一類別之下選擇一些主題進行解說，希望用以小見大的方式來窺探古人生活之一斑。但因為時間、篇幅，尤其是學識的限制，目前的書稿距離理想狀態還有很遠的距離。

　　此書最終得以完成，除了要感謝余佐贊先生鍥而不捨的督促，中華書局上海公司的賈雪飛及其他幾位編輯老師，也都提供了很多建議。尤其是承擔本書簡體中文版責編的黃飛立兄，以其精細高效的專業能力，為書稿的完善付出了許多心血。感謝《人民日報·海外版》、《探索與爭鳴》等報刊發表了其中的一些內容。犬子呦呦很期待此書的出版，因為其中的許多主題就是我從他的生活及與他的交談中獲得的靈感。內子何凌霞是許多篇目的第一讀者，她的一些專業意見，為書稿增色不少。同時也要感謝研究生賀勤、王潔、代浩、茹旗偉、劉文雅、王綺幫我校對部分書稿。

王宏超

2019 年 9 月 1 日於滬上